インフォメーション・ガバナンス

企業が扱う情報管理のすべて

顧客情報から社内情報まで

ベーカー＆マッケンジー法律事務所（外国法共同事業）
デロイト トーマツ コンサルティング合同会社
デロイト トーマツ ファイナンシャルアドバイザリー合同会社

［編著］

東洋経済新報社

はじめに

　ベーカー＆マッケンジー法律事務所（以下「ベーカーマッケンジー」）は、ますます国際化が進み、グローバル市場での競争力強化が喫緊の課題となっている日本企業が、真にグローバル・カンパニーへと変貌するためには何が必要かをこれまで種々の視点から研究してきた。そのうちの一つの重要なアジェンダとして「企業内における情報管理」が挙げられる。

　日本企業は、その縦割りの組織の機能的な限界を理由としてか、欧米企業と比較した場合の情報管理のセキュリティのレベルでの遅れの問題を別にしても、企業内で経営に有用な情報が一元的に管理されておらず、また、文書管理規則も合目的的に策定されず、あるいは、組織のヒエラルキー上、高位の情報管理責任者が任命されていないことなどの問題点が指摘されている。この結果、情報漏えいリスク以外にも、数々の情報管理をめぐる国際的リスクにさらされている。それに加えて、そもそもこれらの情報が経営上の極めて重要な価値を持つものであっても、経営層に機動的に集約しきれないという経営課題が存在すると考えられる。また、法規制が複雑に過ぎ、全く同じ情報であったとしても、規制内容に応じて異なった取り扱いをしなくてはならないとの日常のジレンマも、経営層に属する方々の間には強いと聞く。

　このような企業内における情報の管理をめぐる論点の整理と、そのためのソリューションを考えるという観点から、ベーカーマッケンジーと企業内情報管理について非常に優れたノウハウを蓄積しているデロイト トーマツ コンサルティング合同会社・デロイト トーマツ ファイナンシャルアドバイザリー合同会社（以下「デロイトトーマツ」）は、過去数カ月にわたって共同で勉強会を開催し、議論を重ねてきた。本書は、その成果をまとめ、法的な観点からベーカーマッケンジーが論点出しを行い、デロイトトーマツが、より実務的な観点から企業に内

在するその原因を深掘りし、ソリューションを提示するということを試みたものである。

　法的な観点からの問題の例として、まずは、各種法規制への一元的なコンプライアンスの論点がある。例えば、個人情報保護法といった一つの法令に対応ができたとしても、その対応が全体的な企業内での情報管理においてどのような位置づけとなるのか、といった大きな枠組みで情報管理を考えている企業は稀である。しかし、それぞれの法令にだけ特化した措置を取るという個別的な対応には、限界と不十分さがある。情報やデータは、今や多くの企業にとって、ビジネスを動かす根幹である。またデータは、企業内のあらゆるところで不断に生じ、利用され、保管される。このような企業内に散在する情報を集中的に管理をすること、また一つの法令での要求に個別対応するのではなく、複数の法制度の下でも統一的な準則のもとに情報を管理することが、ビッグデータの活用など、活発になるであろう情報を中心とした経営には求められている。

　企業内情報の管理にあたっては、トップの管理の下、全社一貫したシステムに基づいて統一的な取り扱いをし、それを横断的に、どの法令もカバーできるように展開していく制度を確立することが必要であり、その能力こそが企業の情報管理力であると言える。

　折しも、EUにおいては一般データ保護規則（GDPR）が2018年5月25日から適用開始され、日本企業であっても直接的・間接的にGDPRにおける義務、特に当局における監査などに対応できるような形での個人データの取り扱いの記録および保管の義務への対応が喫緊の課題となってきた。日本国内を見ても、2017年に改正された個人情報保護法の下で、個人情報の第三者提供に関するトレーサビリティ確保のための確認・記録義務への対応など、文書管理および情報管理の制度を確立することは、既にコンプライアンス上の重要な要請の一つとなっている。

　また、国際化に伴って求められる紛争能力対応力向上の文脈においても、企業内情報管理は極めて重要な課題である。

　「日本の訴訟では情報を多く持っていた方が勝ち、米国の訴訟では情報が少ない方が勝ち」と言われることがある。

　米国訴訟においては、ディスカバリーという情報開示制度があり、自社内の情報でも有利・不利にかかわらず、社内の電子メールを含めて訴訟に関連する場合には原則的にすべてを開示しなければならない。

　たとえば、ある紛争に関して、社員が軽い気持ちで「この訴訟はうちの負けですね。普段から品質管理にもっとお金を使うべきですね。みんなで反省しましょう。」というメールを出していたとする。日本の民事訴訟では文書提出命令制度があるのみであり、相手方が文書を特定しなければ開示の必要はなく、純粋な社内文書は開示の対象外である。

　しかし、米国訴訟では、このような社内メールであったとしてもすべてが開示の対象となる。しかも、それを隠匿すると、それだけで訴訟手続上、不利に取り扱われ、巨額の罰金が科されて敗訴することもある。特に、米国では日本には存在しない民事陪審員制度があり、裁判官が陪審員に対して、証拠隠滅をしたことを前提に評決を下すように指示がなされると、特に製造物責任等で日本メーカーの責任が追及されている場合などでは巨額の罰金の評決につながることがある。

　さらに、ディスカバリーには多大なコストを必要とし、そのコストは文書の量に比例するから、過去の電子情報を漫然と保管していたり、平素より関連する情報の整理を行っていないと、そのコストだけで数億円を要することもある。

　したがって、米国訴訟との関係においては、平素より、文書作成と管理に関して社内教育を徹底するとともに、フォルダの管理および定期的に電子情報を削除する（アーカイブ情報としても削除する）といった目的を明確にした全社統一的な文書管理制度を持つ必要がある。

　これら一連の「制度」が樹立できたとしても、加えて制度運用を支援するための仕組みも同時に検討すべきだろう。前述のとおり、社内で発生・流通する文書は多岐にわたるため、それらを把握し適切に管理するためには大きな労力を要する。その負担を軽減し、さらに制度を意図のとおりに運用していくための仕組み、さらに言えば IT を活用したシステムが果たす役割は大きい。幸い、文書管理を目的としたアプリケーションはすでに数多く登場しており、またそれらの多くが文書開示制度や各種法規制に対応するための機能を備えている。もちろん自社の業務に即した制度設計が最重要であることに変わりはないが、その運用において IT は大きな力となるはずである。

　本書が貴社の文書管理規定の見直し、あるいは文書管理制度の設計に役立つことができれば望外の喜びである。

2018 年 5 月

ベーカー&マッケンジー法律事務所（外国法共同事業）

デロイト トーマツ コンサルティング合同会社

デロイト トーマツ ファイナンシャルアドバイザリー合同会社

目　次

はじめに

第1章

企業に求められる情報マネジメント

1 はじめに
—— 「情報マネジメント」はこれからの日本企業の武器となる

　ビッグデータの利用が話題となり始めた 2010 年代以降、日本企業が取り扱うデータの量が飛躍的に伸びている。総務省が平成 27 年（2015 年）に発表した「情報通信白書」[1] においては、日本における 9 産業（サービス業、情報通信業、運輸業、不動産業、金融・保険業、商業、電気・ガス・水道業、建設業、製造業）の取り扱うデータ流通量の合計は、2005 年の約 1.6 エクサ・バイトから 2014 年には約 14.5 エクサ・バイト（エクサ・バイトは 10 億ギガバイト）へと、9 年間で 9.3 倍となると報告された（図表 1-1）。しかもデータ流通量は 2010 年以降、等比級数的な増加を見せており、今後も日本企業が取り扱う情報は飛躍的に多くなっていくと考えられる。

1　http://www.soumu.go.jp/johotsusintokei/whitepaper/h27.html

図表 1-1　日本企業のデータ取り扱い量は飛躍的に増加している

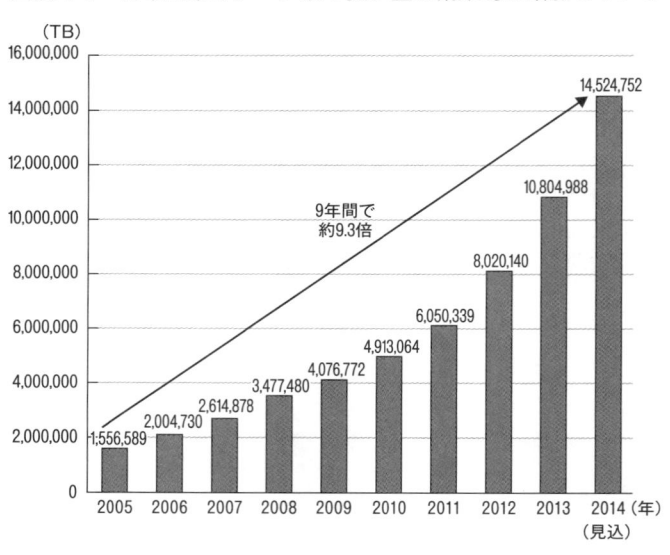

（出所）「情報通信白書」平成 27 年版。

 2 # 情報セキュリティにおける環境の変化

　情報の量だけではなく、最近の技術的発展に伴い、その扱う情報の重要度と価値も増している。例えば、自動運転や IoT の世界においては、情報の利用がビジネスの大きな鍵を握っている。

(a)　自動運転

　　自動運転の分野において日本政府は、2025 年を目途に高速道路でのトラックの完全自動運転の実現を見込む、としている（官民 ITS 構想・ロードマップ 2017）。この自動運転技術には、自動車自体の状況に関する情報のほかに

も、自動車の位置情報、自動車周辺の地図情報、周囲の路面に関する状況、車載カメラから撮影された画像情報など、従来の自動車とは比較にならない量の情報が必要とされ、これらの情報が随時、収集され、処理されることになる。

　また、自動車から得られたデータは、たんに自動運転のためだけではなく、安全運転をしているかなどの傾向をもとに保険の等級を決定する「テレマティクス・データ」としての利用価値も生むことになる。まさしく、情報そのものが価値を持つのである。

(b)　IoT

　また、これも最近著しい発展が見られるIoTの世界でも、データの処理と情報がビジネスの鍵を握っている。IoTの技術を生かした、新しいサービスの提供も始まっている。

　例えばフィリップスは「ライティング・アズ・ア・サービス」というコンセプトで、自治体や企業に照明とその保守をパッケージとして提供している。これは従来の、照明機器を販売して利益を得るというビジネスモデルから脱却した、サービス提供型のビジネスモデルである。すなわち、照明機器の設置とその運用、メンテナンスをパッケージとして提供する形態への移行を目指すものである。このサービスにおいては、ユーザー側は、照明機器購入の対価をアップフロントで負担する必要はなく、月ごとの「サービスの対価」としての料金を事業者側に支払えばよい。他方で、事業者側にとっての利益は、IoT技術の活用によるコストの削減によって実現される。すなわち、ひとつひとつの照明機器に情報の収集と通信の機能を持たせ、そこから得られるデータを収集し、監視・活用することにより、状況に応じた最適な照明サービスを提供することにより、エネルギー消費の低減を実現できるというものである。また、照明の故障時期を予測して効果的な部品交換を行うことも可能であるという。このような新たなサービス形態においても、情報は重要な

役割を果たすことになるのである。

(c)　AI

　今後 20 年の間に、現在の人間の仕事の半数近くは自動化されるとの論文がある（マイケル・A・オズボーン准教授『雇用の未来——コンピューター化によって仕事は失われるのか』）。この自動化に最も貢献するのは AI であり、その研究成果の進歩は日進月歩と言ってよい。

　しかし、AIはたんなるプログラミングなどで成り立っているものではない。AI が実際に稼働するためには、まず大量のデータをもとに「学習」を行い、そこから分析して相関関係などを導き出し、答えを出すことを学ばなければならない。そこで問題になるのが、学習の基礎となるデータの量と質である。医療機関などに保存されている過去のカルテなどのデータについては、医療機関自体は利用していないものであっても、医療関係の AI の開発者にとっては非常に価値のある情報となる、という事態が発生しうるのである。

　このように情報の重要性が高まるにつれて、情報自体の「所有権」についての認識が高まっている。いわゆる「データ・オーナーシップ」の考え方である。有体物や不動産とは異なり、現在の日本の法律では、情報には「所有権」という概念がない。しかし、情報に有用性がある以上、自社が収集・保有する情報を、自社の支配下に置き続けることが重要である。ポイントカードやコラボレーション企画など、複数の会社が共同して情報を共有・利用するようなビジネス上のアレンジの場合には、どのレベルで情報が利用できるのか、自己の情報が無限定に他社に利用できる状況となっていないか、などの注意を払わなければならない。

　また、情報に価値が生まれるようになれば、情報に「所有権」が認められ、他人が情報を勝手に利用することを禁止できるような法制度となることも考えられる。

　また、同時に、情報の独占に関しても問題となってくる。公正取引委員会は、2017 年 6 月 6 日に「データと競争政策に関する検討会報告書」を公表した[2]。報告書には、データが特定の事業者に集積されることで当該データが重要な地位を占める商品の市場における競争が制限されることとなったり、あるいは不当な手段を用いてデータが利活用されたことによって市場において競争が制限されることとなったりする場合には、独占禁止法による規制が及ぶ可能性があることが言及されている。データを持つものが市場を制することになる一方で、不当なデータの独占には法の規制が及ぶ可能性があることを明らかにしたものである。

　どのような情報を自社内に所有しているか、またそれをどのように利活用できるのかは、企業にとっての重要課題であり、そのマネジメントが日本企業の武器となりうるのである。

3　情報の収集と利活用に関する法規制

　情報の重要性が認識される一方で、その情報の収集および利活用に関する実務的あるいは法的な規制も、世界規模で増加している。グローバルなビジネスを展開する日本企業は、否応なくこれらの規制に巻き込まれる可能性が高くなってきている。

(1)　アメリカにおける NIST フレームワーク

アメリカ国立標準研究所（NIST）はアメリカ商務省配下の組織であり、サ

2　http://www.jftc.gc.jp/houdou/pressrelease/h29/jun/170606_1.html

イバーセキュリティに関する技術標準やベスト・プラクティスを SP（Special Publication）シリーズとして発行している非監査機関である。SP シリーズとして取り扱われる発行物には、コンピュータセキュリティを扱う SP800 シリーズ、サイバーセキュリティに関するプラクティスガイドを扱う SP1800 シリーズ、基本的な情報システムの取り扱い方法を扱う SP500 シリーズに分類される。

　なかでも今注目されているのは、SP800 シリーズの技術体系を組み合わせることによって、一定水準のセキュリティ機能の実装を実現しようと開発された SP800-53、SP800-171 の 2 つの SP800 シリーズ文書である。SP800-53 は、2002 年に発令された FISMA 法（Federal Information Security Management Act of 2002）に記載されている「連邦政府機関における情報システムの防衛方法に用いられる技術体系」として開発、発行されている。そして SP800-171 は、2010 年に発令された米大統領令 13556 号に記載されている「米政府機関や一般企業の情報システム内に存在する CUI（Controlled Unclassified Information）を保護するための技術体系」として開発、発行されている。双方とも SP800 シリーズを組み合わせて体系的に使用するためのカタログと位置づけられている。2014 年には、重要インフラストラクチャへのサイバー攻撃に広く対応するため、前述の SP800-53、SP800-171 を構成する際に使用されている基礎概念である NIST CSF（NIST Cyber Security Framework）が一般公開された（図表 1-2）。

　また、アメリカ政府では NIST の発行する SP800 シリーズを基礎とする情報システムを「サイバー攻撃に適切に対応している」とみなし、この認識を普及させる取り組みを行っている。2011 年、当時の米国の最高情報責任者であるスティーブン・バンローケル氏が連邦政府機関で使用される情報システムはクラウドへ移行したうえで、NIST SP800-53 に準拠する必要があるとした。これを受けて、FedRAMP（Federal Risk and Authorization Management Program）と呼ばれるクラウド製品・サービスの認証プロセスが創設された。

　FedRAMP では SP800-53 をベースとしたクラウドシステムの管理方法やサ

図表 1-2　NIST SP（Special Publication）シリーズの分類

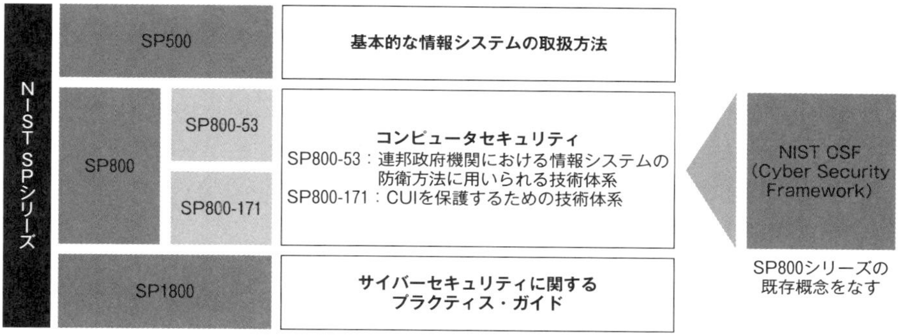

イバー攻撃からの防衛方法が指定されており、米国の省庁や連邦政府機関がクラウドシステムを調達する際には FedRAMP の認証を得ていることが調達条件となっている。FedRAMP には Low、Moderate、High の3つのセキュリティ・レベルが存在し、調達を行う各省庁がオーダーメイドで要件を追加することもある。CSP（Cloud Service Provider、クラウドベンダ）は、自社のクラウド製品を認証プロセスに登録し、承認を得ることで初めて米国の省庁や連邦政府機関への自社製品の売り込みが可能になる。執筆時点で FedRAMP 認証を完了しているクラウド製品は 91 個であり、認証プロセス中であるクラウド製品は 61 個存在する。FedRAMP 認証取得が必須であるのは、あくまで米国の省庁や連邦政府機関に対してクラウド製品を販売したい企業に限定される。

　しかし、NIST SP800 シリーズへの準拠という切り口で考えた場合には、異なった様相を見せてくる。米大統領令 13556 号には、アメリカ国立公文書記録管理局（NARA : National Archives and Records Administration）を CUI 関連の機関として指定し、CUI を登録するシステム（CUI Registry）を管理させ、各省庁に対しては、自身の機関が機密情報以外の重要情報等を指す CUI であると定義する情報を登録させるという内容が記されている。加えて CUI の管理を、NIST が開発する技術体系に準拠した情報システムで行うことが指定さ

れている。米大統領令 13556 号を受けて NIST が開発したものが SP800-171 である（図表 1-3）。

その後、連邦調達規則（FAR：Federal Acquisition Regulations）52.204-21、そして連邦規則集（32 CFR：32 Code of Federal Regulations）2002.14 のそれぞれに、SP800-171 に準拠した CUI の保護が明記された。これにより、CUI を取り扱う情報システム（処理、格納、通信が対象）は、政府機関内であっても一般企業内であっても SP800-171 への準拠が要求されることとなった。ただ、本来であれば 32 CFR 2002.14 の効力発揮は 2016 年 11 月 14 日からであったものの、多くの業界団体がこれに抗議し、実質上の停止状態にあることも事実である。

そうしたなか、2016 年 10 月にアメリカ国防総省（DoD：United States Department of Defense）は、DFARS 252.204-7012 として、DoD と直接取引のないサプライヤーを含む全取引業者に対して、DoD が CUI Registry に登録した CUI に該

図表 1-3　CUI Registry の成り立ち

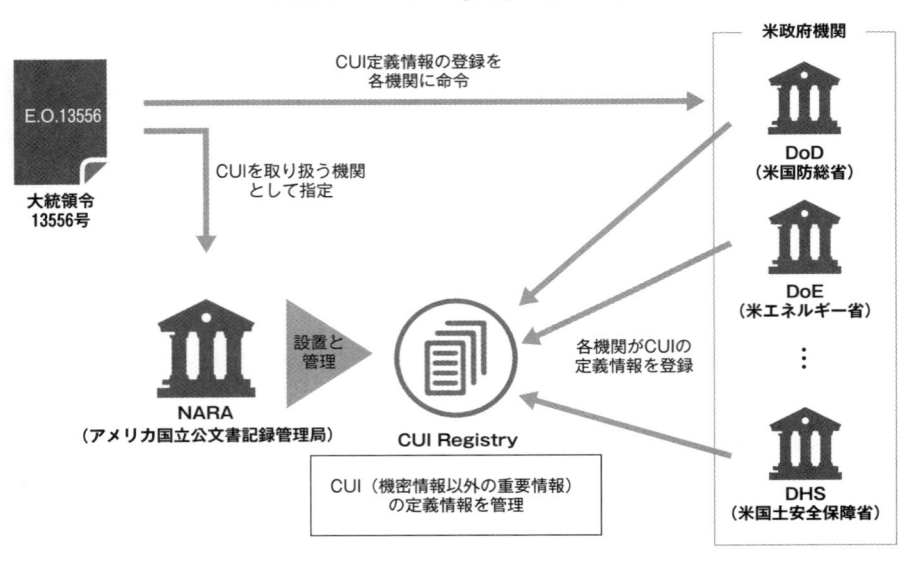

当する情報を扱う情報システムをSP800-171に準拠させることを要求した。そして、DoDが準拠方針策定と報告の実施を最低限で求めていた期限である2017年12月31日は既に過ぎ、DoDは現在も引き続き、DoDと関連する世界中の企業に対して、CUIを扱う情報システムの早期のSP800-171準拠完了を要求しているという状況にある。また、DoDは機密情報（CI：Classified Information）の取り扱いについても、米大統領令12829号により発行されたNISP（National Industrial Security Program）、そしてその運用マニュアルであるNISPOM（NISP Operating Manual）に基づき、SP800-53に準拠した情報システムの使用を要求している。ただし、SP800-171やSP800-53は前述のFedRAMPのような認証ではないため、原則として対応したことをその企業が自己宣言する形となる。しかしDFARS 252.204-7012では、何らかのサイバーインシデントが認められた場合には72時間以内に報告を行うことを求めている。通常、このようなタイトなタイムラインで詳細な被害状況を迅速に報告するには、日常的に体系立てられた基準に則ったセキュリティ運用が不可欠であるため、SP800-171が自己宣言型である点を補うルール設計だと言える（図表1-4）。

図表1-4　SP800-171を組み込んだ法規制の制定

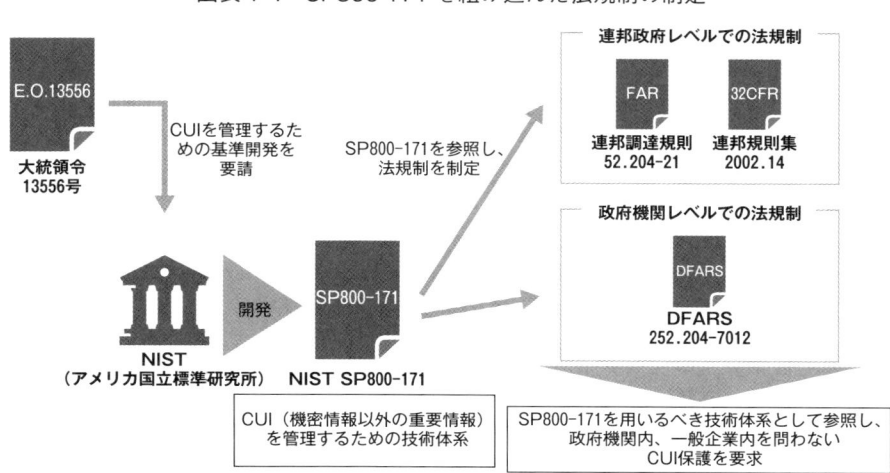

図表 1-5　CUI 保護に関するルール形成のタイムライン

CUIと保護策の定義		CUI保護方法の決定とルール形成		
2010年11月9日	2010年11月9日から180日以内	2015年6月	2016年5月14日	2016年9月14日
大統領令 (Executive Order) 13556	各省庁による CUI Registry への情報登録	CUI保護技術体系 NIST SP 800-171	連邦調達規制 (FAR) 52.204-21	32連邦規則 (CFR) 2002.14

各省庁とそれらとの取引が存在する民間企業でのCUI情報の取り扱いについて下記2項目の90日以内の実行を求めるE.O.が発行

①各省庁は国立公文書記録管理局（NARA）が管理するCUI RegistryにCUIを登録すること

②NISTが開発、発行するガイドラインに従ってCUIを適切に保護すること

32連邦規則（CFR）2002.14では、CUIを「処理、格納、通信」する民間企業のシステムはNIST SP 800-171による保護を最低限実施することを求めた

対応コスト等を踏まえ、2016年11月14日より有効となる本規則の実施時期については実質的に各業界の判断に委ねるとした（緩和策の提案は棄却されている）

FARは今後すべてのCUI保有業界でSP800-171を調達基準とすべくFAR 52.204-21を記述している

(2)　EU における NIS 指令

　EU においても NIST の発行する技術体系に追従する動きが見られる。欧州理事会は、欧州における情報セキュリティの専門機関である ENISA（European Network and Information Security Agency）を活用することで、NIST と連携を行っており、2016 年 5 月には法的拘束力を持つ NIS Directive（NIS 指令）が可決された。

　NIS Directive には、エネルギーや金融、ヘルスケアなどの重要セクターに対して、「国際的に受け入れられている標準・仕様の導入により、情報システムの管理を行う」ことが記載されている。NIST CSF と NIS Directive の誕生は、ほぼ同時期であり、互いに影響を与えあったとされるが、NIS Directive には NIST が発行する技術体系への直接的なリファレンスは存在しない。ただし NIS Directive を受けて、「国際的に受け入れられている標準・仕様」を NIST の SP800 シリーズと解釈し、自国の基準から参照している EU 加盟国が多く

存在している。このことは、EU としては ENISA を介した NIST との連携で実現したかった成果であると推測される。NIS Directive は 2018 年 5 月 10 日に適用が開始される（図表 1-6）。

　米国での FedRAMP や DFARS、EU での NIS Directive といった、調達基準への SP800 シリーズの浸透は、日本企業にとっては決して対岸の火事ではない。調達基準や法律の直接的な範囲内である日本企業は無論であるが、もう1つ NIST 対応が必要な範囲として考えなければならない側面が存在する。それは、どこまでを同等のセキュリティ水準が求められる関連システムと定義しなければいけないのか、ということである。そして、SP800-171 や SP800-53 では、「攻撃パケットが到達可能であるシステム」であるとされている。つまり、たとえ直接的な NIST 対応が必要な範囲外だとしても、NIST に対応した情報システムに対して、API（Application Programming Interface）の一方的な利用等にとどまらないような直接的な連携が存在する情報システムにおいては、実質的に NIST 対応をしていない限り販売ができず、これは結果として、

図表 1-6　NIST と EU との連携加速

*文書画像は European Commission website より引用

NIST 対応をしていない日本企業は米国や EU 企業との取引ができなくなる可能性を示唆している。このことは、前述の 2017 年 12 月 31 日の DFARS 252.204-7012 や、2018 年 5 月 10 日の NIS Directive 適用開始など、今後のさらなる SP800 シリーズの浸透を見越した際には、わが国の IT 産業にとって大きな課題となる。

しかし、残念ながらこのような事実を把握している日本企業は多くない。ISO27001 を基礎とする ISMS（Information Security Management System）に関しては、世界全体の認証取得企業のうちの 7 割が日本企業であるが、ISO27001 と SP800-53、SP800-171 では項目数ベースでも大きな開きが存在することから、たとえ ISMS 認証取得企業であってもその大半は、相当な追加対応が必要な状況にあると推測される。

(3)　GDPR の適用開始

また、NIS Directive（NIS 指令）に加え、重い罰則規定を含む EU 一般データ保護規則（GDPR : General Data Protection Regulation）が、NIS Directive の適用開始の 15 日後となる 2018 年 5 月 25 日から適用が開始される。GDPR は、1995 年の EU データ保護指令を受けて整備されている、加盟各国にそれぞれ存在するデータ保護法を、一部の事項を除いて廃止し、企業に対して説明責任を付加したうえで罰則規定を強化したものである。

この GDPR においては、EU の個人情報の収集・処理を行う事業者に対して、取り扱う個人情報の把握を行うためのデータ・マッピング実施、サービス設計の段階から個人情報の保護を念頭に置いた「データ・プロテクション・バイ・デザイン」の導入、データ保護規則への遵守を証明できるような証拠を残さなければならないアカウンタビリティの要求などさまざまな要求および制約が定められている。

図表 1-7　GDPR における要求事項

項目	何が要求されているのか
データ・プロテクション・オフィサー（DPO）の選任	DPO の選任が、事業の性質および範囲によって（大規模、システマチックな監視業務、大規模なセンシティブ・データの処理）要求される。
データ漏えいの際の報告義務	本人の権利および自由に高いリスクを生じさせる恐れのある漏えいなどの事案に関しては、72 時間以内に当局に報告を行わなければならない。
国境を越えた個人データの移転	EU 域外への個人情報の移転に関しては制限がかかる。企業内の個人情報の取り扱いを定めるルールである、BCR（拘束的企業準則）その他の規定があることが必要。契約書において義務を定めるモデル条項という手段も有効。
同意	同意に関しては厳しい要件が課されている。黙示的な同意は不可。真の同意として認められるためには、明確で積極的なアクションが必要。
データ・マッピング	会社内でどのような個人情報の取り扱いを行っているかを記録に残しておく必要がある。
個人情報を取り扱う事業者の義務	事業者が守るべき義務について、細かな規定が設けられた。
個人の権利の拡大	個人が持つ権利が拡充された。データ・ポータビリティの権利、削除の権利、忘れられる権利、プロファイリングの制限などが明示された。
ペナルティ	制裁金が上昇。2,000 万ユーロ、または全世界における年間の売上高の 4％のうち、高いほうに定められた。
インパクト・アセスメントの実施	新たな技術の使用に際し、リスクが高い場合には、「データ・プロテクション・インパクト・アセスメント（DPIAs）」が必要となった。
「バイ・デザイン」と「バイ・デフォルト」の保護	技術の設計、ビジネスの実務などの検討の段階から、個人情報の保護を視野に入れた設計が要求される。また、最小限の個人情報が収集・処理されるべきとされている。
プロファイリングの制限	「プロファイリング」に規制がかけられる。例えばクッキー情報を使用して分析を行っている企業などはすべて対象となる。
アカウンタビリティ	個人情報を取り扱う事業者は、データ保護規則への遵守を証明できるようにしておかなければならない。

　GDPR がこれだけ多くの注目を集めている背景には、DFARS 252.204-7012 と同じくデータ漏えいなどの場合には 72 時間以内に報告する義務はもとより、それらを怠った場合の非常に重い罰則規定まで設けられている点が存在すると思われる。実際にこの罰則規定の対象には、人々の権利や自由に影響を及ぼすような侵害が発生したことを 72 時間以内に通知しなかった場合が含まれており、サイバー攻撃対策の肝心性への訴えがうかがえる。英国の情報コミッショナーのある人物は、「罰金を科すのはあくまで最後の手段であり、基本的には警告を行う。それにより企業はマイナスの影響を受けるだろう」としているが、その「最後の手段」が適応された際には企業は甚大な損失を被ることとなる。

　GDPR の対象は、EEA（欧州経済領域）域内で個人データを取得し、取得した個人データを処理（収集・保管・変更・開示・閲覧・削除等）したうえで、EEA 域外に移動を行うすべての企業や機関であり、当然ながら日本企業もその例外ではない。GDPR の特色は、EU 内に子会社などの拠点を置く企業のみならず、たとえ EU 内に拠点がなくとも、EU の消費者に商品またはサービスを提供している場合、あるいは EU の居住者の行動をモニタリング（ウェブサイトでの行動に基づく調査など）している場合には適用されると明確に規定されているところである。

　したがって、たとえ日本国内のみに拠点を有する企業であっても、GDPR の適用対象となる可能性がある。また、EU の企業と取引を有する日本企業は、EU 企業が GDPR を遵守する目的で、取引先である日本企業側が個人情報の取り扱いについて一定の義務を負う契約の締結を要求される可能性がある。

　これらの規制の動向にアンテナを張り、必要な対応をすることが日本企業には求められている。

　そして、GDPR 対応を行う際には、自社で GDPR の対象となるデータを保有しているか否か、そしてそれらを処理（収集・保管・変更・開示・閲覧・削除等）し、EEA 域外に移動するというプロセスが存在していることを明確に把握できているか否かが大きなポイントとなる。それらを完全に把握したうえ

で、個人データを EEA 域外に移動するためには、「明確な同意の取得」「拘束的企業準則（BCR）」「標準契約（SDPC）」などの手段を検討する必要がある。一般的にすべての収集元に対して同意を取得することは困難であることから、多くの GDPR 対応企業は標準契約（SDPC）を選択している。標準契約（SDPC）とは、所定の契約フォーマットをもとに移転元と移転先の間で契約を締結することで、EEA 域外移動を可能にするものである。それらの活動を通してデータ管理者には、当局に対する次の 6 つの説明責任が要求されている。

図表 1-8　データ管理者に求められる 6 つの説明責任

- 適法性、公平性および透明性……適法、公平かつ透明性のある方法で処理すること
- 目的の限定……特定的で、明確かつ正当な理由のために収集され、それらの目的にそぐわない方法でそれ以上の処理を行わないこと
- データの限定……処理を行う目的に関し、十分で関連性があり必要最低限に限定されていること
- 正確性……正確で、必要であれば常に最新状態に更新しておくこと。不正確な個人データは遅滞なく削除または訂正すること
- 保管の限定……目的とする処理に必要な期間以上には、データ主体の識別が可能な状態で保管をしないこと
- 完全性と機密性……不正なまたは違法な処理からの保護、不慮の損失、破壊からの保護を含み、個人データの適切なセキュリティが確保される形で処理すること

　これらに対して正当な説明が行えない状況である場合には、GDPR に対応できていないとみなされる可能性が高い。GDPR が必要な企業は、明確にこれらに対して説明できる必要がある。これらの中でも、「完全性と機密性」については「適切なセキュリティが確保され」ているか否かをいかに判断するかが、大きな争点となるが、前述のとおり NIS Directive の実質的な推奨フレームワークである SP800 シリーズへの準拠が、判断を行ううえでの最低条件となることが推測される（図表 1-9）。

　このように、GDPR に対応をするためには実施をしなければならないことが

図表1-9　GDPRに対応するためのポイント

EEA（欧州経済領域）域内で取得された個人データを域外に移動するすべての企業や機関に対して：
- ■ EEA域内で取得された個人データを処理（収集・保管・変更・開示・閲覧・削除等）し、EEA域外に移動することを原則禁止
- ■ データ保護オフィサー（DPO）を設置することを要求
- ■ 情報漏えいの出所と流出内容を72時間以内に公開、および当局への通知を義務づけ
- ■ GDPRの要求事項に反した場合には、グループ年間売上高の4%、または2,000万ユーロ（約23億円）の罰金

GDPRに対応するために、すべての事業者は
自らのデータの取り扱いに関してルールを定め、6つの説明責任を果たす必要がある

①データを把握する	②個人データの取り扱い手順を定める
■ データの内容と処理、移動について把握するために、データ・マッピングなどの手段を検討	■ 個人データをEEA域外に移動するために「明確な同意の取得」、「拘束的企業準則（BCR）」、「標準契約（SDPC）」などの手段を検討

定めたルールに沿った運用によって説明責任を達成

適法性、公平性および透明性	目的の限定	データの限定	正確性	保管の限定	完全性と機密性

　山積みであることは明白であるが、実際にそれに向けて何らかのアクションを起こしている日本企業はきわめて少ない。ある機関の調査によると、GDPR対応が完了していると回答した日本企業は、わずか2%程度であったとされている。これは同調査で米国企業が20%強であったとされるのに比較して、「まだまだである」と言わざるをえない状況である。

　自社がGDPRの対象になるのか否か、それを判断するのは無論、自社ではなくGDPRの監督機関である。したがって、自社がGDPRの対象か否かは、明らかに個人データを扱わない場合などを除いて、第三者のアセスメントを実施しない限り明確にならないということである。日本国内でもさまざまな機関がGDPRに関するサービスを展開しているが、それらの機関が、GDPRとそれに関わる背景、関連する法案、NISTの技術体系などに対して、正しく十分な理解を持ち合わせているかを判断しなければ、真にGDPR対応の必要性を見きわめることは難しい。

4 「情報マネジメント」は、規制への対応だけではない

　しかし、これらの規制への対応は、真の「情報マネジメント」の1つの側面にすぎない。

　本書で対象とする「情報マネジメント」は、ビッグデータ、AI、IoTといった、「情報」を財産としたビジネスの興隆が今後見込まれる中で、社内のデータをどのように管理をするのか、どのように有効活用をしていくかという方法論を踏まえたものであって、1つの法律・規制への対応を念頭に置いたものではない。より普遍的かつ高いレベルでの情報マネジメントに向けた取り組みの指針を示すために、本書を活用していただきたい。

　もちろん、文書管理、情報管理というのは、会社ごとに大きく異なるものであって、以下のような観点により、具体的な手法は変わりうる。
　①　どのような情報を取り扱っているのか
　②　その中でも例えば顧客情報が重要なのか、その他の情報が重要なのか
　③　情報自体を利用している会社なのか、情報に基づいてサービスを組み立てている会社なのか
　しかし、情報管理の問題点・手法といった意味合いにおいては、どの会社にも共通の問題点があり、共通の手法での解決が可能な部分がある。本書では、各社に共通する問題点の洗い出しと、その解決方法という観点での解説を行いたい。

⑴　「情報マネジメント」の成功例

　情報マネジメントの重要性はさまざまな業界で認識されており、そのための

システムの導入を行っている企業も多数ある。

　例えば、秋田銀行、横浜銀行などの 8 行の地方銀行は、顧客情報、営業情報の統合化のための統一的なデータベース・システムを導入している。これらは今まで複数のシステムで管理されていた情報を仮想データベース上で統合するというものであり、情報を見える化し、マネジメントをしやすくするためのものとされる。

　一方メガバンクの中では、三菱 UFJ 銀行が、いち早くパブリック・クラウドの業務での利用を開始したと発表した。同行はこれまでも、情報の全行的な共有と活用という点において活発な対応を行ってきた銀行であるが、クラウドへの移行も、情報を管理するシステムを今までのクローズドなシステムから、オープンなものへと移行させ、共有と利用という目標の達成をより容易にするための施策を実行したと言えるだろう。

(2)　日本企業における情報マネジメントの状況と問題点

　多くの場合、日本企業の現状の対応は不十分である。日本企業に伝統的に見られる、情報マネジメントに関する問題点は以下のようになる。

(a)　日本企業においては、情報管理の概念および対応がいまだに不十分である。あるいは、必要であるとの認識はあっても、十分な投資がなされていない

(b)　有事の対応がクローズアップされることが多く、平時の対応が必ずしも十分ではない

(c)　部門ごとに情報が分散し、統一的な管理がなされていない

(d)　複数の法律が、複雑に適用される可能性に対応できていない

(e)　情報管理のためのシステムが統一的ではない

これらの問題点について、1 つずつ見ていこう。

(a)　日本企業においては、情報管理の概念および対応がいまだに不十分である。あるいは、必要であるとの認識はあっても、十分な投資がなされていない

　　日本企業における情報管理に関する投資額を考えるための1つのデータとして、IDC Japan が発表したデータがある。

　　IDC Japan は、2017年1月に実施した国内企業673社の情報セキュリティ対策の実態調査の結果として、以下のような内容を発表した[3]。2016年度の情報セキュリティ投資の増減率について、2015年度と比べ「増加している」と回答した企業は26.9％、「減少する」と回答した企業は10.6％であった。これに対して、2017年度の情報セキュリティ投資見込みでは、2016年度を上回るとした企業は全体の32.1％、「減少する」と回答した企業は10.1％であった。

　　この数字を見る限りは、近年になって、情報セキュリティ投資を増やす企業は、確かに増加しているとも言える。同時にこの調査では、アイデンティティ／アクセス管理を投資重点項目としている企業が多い。しかし、6割近くの企業では、投資額は前年度と変わらないと回答しており、明確な投資計画を持たず、既存のセキュリティ対策への投資を継続しているにすぎない企業が半数以上を占めているとされている。

　　情報セキュリティは、あくまで外部または内部からの不正なアクセスやハッキングなどの遮断を目的としたシステムである。IDC Japan の調査結果でも、企業が最も重視しているのはアイデンティティ／アクセス管理であるとされている。

　　これに対して、本書で扱う「情報マネジメント」は、たんなる情報セキュリティの問題にとどまるものではない。会社内に散在する情報を統一的に管理し、利用につなげていくという意味での方法論である。

　　このような情報管理全般についての投資に対する対応が、日本企業にとっ

3　https://www.idcjapan.co.jp/Press/Current/20170425Apr.html

てはいまだに足りない部分である。

(b)　有事の対応がクローズアップされることが多く、平時の対応が必ずしも十分ではない

　「情報マネジメント」においては、「平時」と「有事」の双方への対応が必須となる。ここで平時とは、日常の特に問題のない状態における、情報の取り扱いの場面のことである。有事とは、通常の情報取り扱いプロセスから外れた、何らかの問題が発生したときの、その対応という場面である。

　法律問題としては、どうしても、有事のほうがクローズアップされやすい。個人情報の漏えい、紛失、あるいはデータへのハッキング、ランサムウェアの出現など、何らかの問題が生じた場合には、ニュースとして報道される場合が多く、これに対応して企業も、何らかのトラブルが生じた場合にいかに対応するかという観点からの情報投資を行いやすい傾向にある。

　しかし、真に情報マネジメントを実現するためには、「有事」の場面だけではなく、「平時」の場面の情報管理も同時に実現できるものでなければならない。その理由は以下のとおりである。

　まず第1に、有事に対応するためには、平時からの情報の管理と把握が大前提であり、それができない状態では有事の対応もありえないためである。平時から情報を適切に管理すること、さらに言えば、情報を一元的に、また統一的に管理するということにより、漏えいが生じた場合に、どこから漏えいが生じたのか、どの範囲・レベルで漏えいが生じたのか、誰がそれにアクセスできたのか、ということへの早急な対応が可能となる。

　また、ディスカバリーに関して（第4章を参照）も、関連の情報を適切に特定して開示の対象か否かを判断するためには情報の一元管理が重要である。何か起こってから、あのファイルはここにある、このメールはここにある、というのを洗い出していく作業は手間を要するものであるし、漏れを生む。

　第2の点として強調したいのは、近年は多くの法律で、平時の管理そのものが法律上の要求、あるいは法律における保護を受けるためのベスト・プラクティスとして規定されているということである。

　例えば個人情報保護法では、通常時の個人情報の取り扱いが正しく行えること、が法律上の要求事項となっている。即ち、特に別段の事象が生じない平時の場合であっても、粛々と情報の管理は行われていなければならない。

　特に先述のGDPRでは、日常の個人情報の取り扱いについての記録を残しておくことが、一般的な個人情報取り扱い事業者の義務として定められ、また当局からの問い合わせなどに記録をもって適切な取り扱いの事実を示すことができなければならないので、この日常の個人情報の取り扱いや移転の管理および記録が重要となってくる。加えて、GDPRでは、データをコピーして他のサービス提供者に渡してほしいという「データ・ポータビリティ」のリクエストや、自分に関する個人情報を削除してほしいというリクエストを行えるということが個人の権利として規定されている。こういったリクエストに応えるためには、個人情報が、保管場所も含めて、適切に管理されている必要がある。なお、特に削除に関するリクエストは、データがクラウド上で分散管理されている場合には、困難を生じる場合がある。

　また、日本の個人情報保護法においても、個人情報ごとに異なる取り扱いをすることが要求される場合がある。例えば個人情報に関するプライバシー・ポリシーについて、ある企業の会社買収に伴って、買収した企業のプライバシー・ポリシーを新しい会社のものと同じにしたい、と考えたとする。この場合、新しいプライバシー・ポリシーを作成して、公開することは比較的簡単である。しかし、多くの企業が忘れがちであるのが、果たして古いプライバシー・ポリシーの利用目的の範囲と、新しいプライバシー・ポリシーの利用目的の範囲が、同一であるのか異なるのかという点の確認と、異なる場合にはきちんと取り扱い方法を変えられるのかという点への対応である。

　個人情報保護法において、個人情報は通知・公表された目的の範囲でしか

利用できない。古い利用目的のもとで収集された個人情報は、たとえプライバシー・ポリシーを変更しても、新しい利用目的のもとで利用できるわけではない。利用目的の変更のためには、個人からの新たな同意の取得が必要だからである。

　これを情報マネジメントの観点から見た場合は、個人情報ごとに、いかなる利用目的に使用できるかを付加情報として設定し、利用の際にそれを参照できるようにしなければならないことを意味する。このような情報の管理ができている企業は、残念ながら少ないと言わざるをえない。

　営業秘密についても、同様のことがあてはまる。営業秘密が法律上も営業秘密として保護されるためには、通常の営業活動の中で適切な管理がなされていることが必要である（第3章参照）。漏えいや不正使用が発覚した後に情報の重要性に気づいたとしても、日常的に営業秘密としての管理を行っていなかった場合には、法律の保護を受けられないことにもなるのである。

　「平時」の段階のうちから情報を適切に管理しておき、「有事」の際には速やかに行動する。これが情報のマネジメントに求められることである。

図表 1-10　プライバシー・ポリシーの変化と求められる情報管理

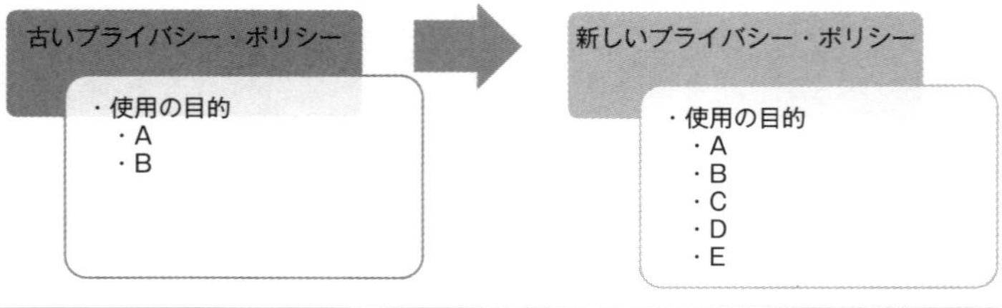

顧客氏名	メールアドレス		利用できる範囲
○○　○○	xxxx@xxx.com	・・・	A・B
○○　○○	xxxx@xxx.co.jp	・・・	A・B・C・D・E
○○	xxxx@xxx.jp	・・・	A・B
○○	xxxx@xxx.com	・・・	A・B・C・D・E

(c) 部門ごとに情報が分散し、統一的な管理がなされていない

　次にあげられる典型的な問題は、情報が、会社内に無秩序に分散して存在している点である。当然のことながら、従来の会社の組織というのは、情報マネジメントを軸に構成されているとは言い難い。その結果、情報という観点から組織を見た場合には、いろいろな部署にいろいろな情報がばらばらに散在しているという状況を生むことになる（図表 1-11）。

図表 1-11　情報が部門ごとにばらばらに散在している

人事部：従業員の個人情報（マイナンバーを含む） 営業部：顧客の個人情報 開発部門：技術情報、営業秘密 取締役や経営企画部：企業の取引上重要な事実に関する情報、あるいは文書

　もっとも、この点を指摘すると、「うちの会社は文書管理規程を作ってあって、それぞれの部署がそれに基づいて情報は統一的に管理されている」という意見も出るかと思われる。

　しかし、規定があっても、どの部署が実際に何の情報を扱い、管理しているかを誰かが把握しているだろうか。いったん個別の情報管理の責任が各部署に割り振られると、それ以上の部署間の相互連携、あるいは相互監視はなされていないケースが多く見られる。しかし、企業としての情報マネジメントとしては、誰かが企業内の情報のすべてにアクセスする権限および方法を持っていなければならない。また後述の営業秘密の項目で述べるとおり、形骸化した規定は法律上は、情報の保護の役には立たない場合がある。

　また、このように、情報が社内の複数の場所に分散すると、結局誰がどの情報を責任を持って管理するのか、統一的な管理をするのか、という点があいまいになってしまう（図表 1-12）。

図表 1-12　情報が統一的に管理をされていない日本企業の典型例

営業担当：情報は集めてきたけど、名刺は個人個人で管理しているよ。あと、文書管理は総
　　　　　務の担当だよね。
総務：社内の文書管理はするけれど、顧客情報までは管理できないし、実際に情報漏えいし
　　　ないようにするのは IT の仕事だよね。
IT 担当：セキュリティの対応はするけど、実際何をしてほしいのか指示してほしい！　ど
　　　　　ういう管理をしてほしいのか指示してくれないと。
人事：従業員情報はうちで保管するよ。ちなみに従業員情報は関連会社にも送っているけど、
　　　問題ないよね？

このような状況を改善するためには、以下のことが必要となる。

● 企業内のすべての部署の情報の収集・保管・体制、責任の割り振りを統一的に監視できる担当者を置くこと。この担当者は、部署を横断して情報の管理に関する監督および管理を行えるレベルの人員であることが必要である。

● 自社だけではなく、子会社・関連会社を含めた情報の収集・移転の流れについて監視できる体制を持つこと。特に、海外子会社が存在する場合には、そのような海外子会社の収集・保管する従業員情報・顧客情報を含めた情報管理についての管理が行われていなければならない。これはすなわち、子会社管理・子会社マネジメントの問題ともつながる課題である。また、海外の法制度についての知識の収集およびそれぞれの地域の法制度に応じた対応が可能であることも必要となる。

● さらに、情報のマネジメントのためには、役員自体のコントロールも重要となってくる。特に後述（第 5 章参照）のインサイダー取引については、役員が無自覚にインサイダー情報を漏えいする可能性もある。残念ながら、日本企業においては、役員レベルの方々が、必ずしも情報管理についての意識が高いというわけではない。役員も、情報マネジメントのシステムの一部となってもらう必要がある。

　この任に最も適しているのは、情報マネジメントを専門に行う役職、すなわちチーフ・インフォメーション・オフィサー（CIO）である。

　日本企業においても、CIO を設置する会社は増加しつつあるが、まだ一般的な存在とは言えない。経済産業省が 2017 年 3 月に発表した平成 28 年度「情報処理実態調査」[4] では、日本企業において、「CIO または IT 担当役員はいない」と回答した企業の割合は、全体の 54.1％と最も多くの割合を占めている。次いで、「兼任している役員がいる」と回答した企業が 38.6％であった。

　全体の 4 割近くが CIO または IT 担当役員を設置していると聞くと、非常に多いように思われるかもしれないが、専任者に限るとその割合はわずかに5.3％である。すなわち、それ以外の CIO は他の役職との兼務となっているということである。

　なぜ CIO が置かれていないのか。すこし遡って平成 26 年度の「情報処理実態調査」を見てみると、そこであげられていた企業の回答によれば、最も多かった理由は「必要性を感じていない」であった。CIO を設置していない企業の 46.2％がそのように回答している。次に多かった理由は「必要だが対応できていない」というものであった（23.7％）。前述したとおり、日本企業においては、情報管理が必要であるとの認識はあっても、十分な投資がなされるには至っていないという現実が、ここにも如実に表れている。

　ちなみに、日本の中央各省庁には、必ず CIO が存在する。これは、2001年に内閣に設置された高度情報通信ネットワーク社会推進戦略本部（IT 総合戦略本部）が全中央省庁での CIO および CIO 補佐官の設置を進めたからである。地方自治体もこれにならって設置が進められた。2013 年 5 月には「内閣法等の一部を改正する法律」において、政府内における CIO を束ねる「内閣情報通信政策監」職が新設されている。

4　http://www.meti.go.jp/statistics/zyo/zyouhou/result-2/pdf/H28_report.pdf

(d)　複数の法律が、複雑に適用される可能性に対応できていない

　　複数の部署が情報を管理している現状に加えて、さらに厄介なのは、同じ情報について複数の法律による規制が及ぶことがあるということである。

パターン 1：顧客情報

　顧客情報があるとしよう。顧客情報には、顧客リストのほか顧客との電子メールのやりとりなどのデータも関連してくる。顧客情報というのはほとんどの場合に、個人情報を含むものである。個人情報ということになると、個人情報保護法に基づいた取り扱いが必要になる。

　一方で、顧客情報は同時に、営業秘密となることもある。営業秘密には、技術情報だけではなく営業上有用な情報も含まれるためである。ただ、実際に営業秘密が法律上保護されるためには、秘密管理性や、非公知性といった要件を満たすことが必要になるので、個人情報とはまた異なった保管の仕方というものが必要になってくる。

　また顧客情報についても、場合によっては米国訴訟におけるディスクロージャーの対象となることがある。

パターン 2：取引情報

　また、特定の取引に関しての情報、例えば現在から数カ月先までの会社の買収の計画やビジネス・スキームという情報、それに関するメールのやりとりや報告文書があるとする。

　会社のビジネス・スキームに関する情報は、営業秘密ともなりうる。そうなると、その情報は営業秘密として保護する必要がある情報となる。また、そのような情報は、インサイダー情報として、特に注意を要する取り扱いが必要となる。

　上記のような、部署ごとに情報が散在していることも相まって、複数の法律が適用となる可能性のある情報に関して、適切な対応をすることが難しく

なっている。

(e) 情報管理のためのシステムが統一的ではない

　　日本企業のIT活用の問題点の1つは、「部門の壁」である。同じ企業内であっても統一した情報システムを持たず、部門ごとに「閉じた」システムを使用している企業が依然として多い。このような状況は、情報の社内における統一的な管理・利用を妨げ、どこの部署にどのような情報があるかを見えにくくしている。

　　例えば経済産業省では、2006年以降、企業のIT対応について、図表1-13に示すような「IT経営力指標」の基準を設けて企業のIT活用の程度の目安としている。

　　IT経営力指標に基づいて日本企業を見ると、2006年当時はステージ1とステージ2の企業が7割を超えており、2010年に至ってもその合計は6割を超えている状況であった（ただし、従業員が1,000人以上の大企業に限れば、ステージ3とステージ4の企業が半数を超えていた）。

　　情報の統一的な管理のためには、全社的に統一された情報管理システムを

図表1-13　企業のIT経営力指標

●ステージ1：IT導入段階（IT不良資産化）企業群
ITを導入したものの十分に活用ができていない状態、またはITを導入したばかりの状態
●ステージ2：部門内最適化企業群
業務におけるITの活用は進んでいるものの、ITの活用が部門ごとに完結されている部分最適の状態
●ステージ3：組織全体最適化企業群
部門間の壁を越えてITの活用が進んでおり、組織全体で最適に活用されている状態
●ステージ4：企業・産業横断的最適化企業群
自社の組織全体における最適な活用だけにとどまらず、取引先や顧客などを含めた企業間・産業横断的にITの活用が進んでいる状態

（出所）「『IT経営力指標』を用いた企業のIT利活用に関する現状調査――報告書（2011年2月）」。

使用することが必須であり、部門を超えて管理される情報を、社内の責任ある立場の人間が監督することが望ましいのである。

　また、せっかく部門を横断した情報システムの導入を実現しても、個々の従業員がこれと異なる情報の管理をしてしまうと意味はない。例えば社内の情報システムのほかに、「自分の参照のため」という理由で手作業のエクセル・ファイルが作成されたりすると、統一的な情報システムから漏れた情報が存在することとなり、さらには情報漏えいや、営業秘密窃取の手段ともなりかねない。社内のトレーニングなどを通じて、統一的な情報システムの使用を従業員に徹底しなければならない。

(3)　情報管理は取締役の善管注意義務の問題

サイバー攻撃、情報漏えいなどの情報の管理に関する問題が生じた場合には、対応のための金銭的な費用のほか、会社の評判の低下によるビジネス上の打撃など、会社に生じる損害がクローズアップされがちである。

　ただし、現実に情報の管理に不備が発覚した場合に、責任を負わされるのは会社という主体だけではない。会社の運営に実際に携わる取締役も、その責任を負うこととなる。

　これは会社法上、取締役が善管注意義務を負っている（会社法第 330 条）ためである。取締役が十分な対策を取っていなかったことにより会社に損害を生じさせた場合には、取締役がその責任を負うこととなる。情報の漏えいの場合に、日常の情報の安全管理体制に不備があったこととなり、取締役の善管注意義務に違反したという点の法的な責任を問われるのである。

　取締役の責任となるということは、訴訟の対象となるということである。

　例えば、ベネッセの個人情報漏えいが問題となったケースでは、まず会社に対して訴訟が提起された。この訴訟は集団訴訟的な現象となり（日本におけるクラス・アクション法の対象ではないのだが）、「ベネッセ個人情報漏洩事件

被害者の会」が結成されていて、1人あたり5万5,000円を請求額とし、第1次訴訟から第5次訴訟まで、計1万729人が原告となっている。この訴訟は、会社に対する金銭賠償の請求である。

ベネッセの事件ではこれに加えて、株主が、取締役が必要な情報管理体制を構築していなかったため注意義務を怠っていたとして、役員6人に対し、260億円の賠償を求めて株主代表訴訟を提起したとのことである（2015年12月）。

これは逆に言えば、情報の漏えいを起こしたとしても、必要な情報管理体制を敷いていれば、後者の点については防御ができるはずであるということである。善管注意義務は、漏えい自体の責任を問うのではなく、それを防止するような管理者としての対応をしていたのかどうかが問題だからである。もし、取締役が必要な措置を講じていなかったら、取締役個人が金銭賠償の責任を負うことになる。

したがって、情報管理の問題は、役員自らが主体となって、自身の責任の問題として取り組むべき問題になる。

統一的アプローチの利点
──管理だけではなく、情報の有効な活用のために

ここまで文書管理の必要性について述べてきたが、情報マネジメントは、情報をひたすら隠すことを意味しているわけではない。本章の最初に述べたとおり、情報は使ってこそ意味がある。特に営業秘密は、当然、使用が前提となっている情報であって、隠すことだけが必要となるものではない。

また、ビッグデータがもてはやされて久しい。ビッグデータ利用には、今まで必ずしも目を向けられていなかった社内の情報、例えば顧客情報、ウェブサイトの閲覧状況（その他の行動履歴）をもとに統合的な情報分析を行い、これ

に基づき事業活動をすることが含まれる。そのような分析を実現するために重要なのが、情報の一元管理である。

　これまで見てきたように、日本企業では、情報が複数の部署に分散し、かつ1つの情報に複数の法律が関係するという現状を十分には解決できていない。このような状況に対処するためには、情報マネジメントに関する統一的アプローチを導入することが必要である。

　ここで統一的アプローチとは、会社内のすべての情報を、1つの責任主体による管理のもとで、同じルールで管理するという方法のことである。

　統一的アプローチがなぜよいのか、その理由をまとめると、以下のとおりになる。

戦略的アプローチを可能にする

　最初で述べたように、会社によって情報管理のあり方は異なりうる。しかし、個人情報保護対応やディスクロージャー対応などの異なる分野によって、違った人が違ったやり方を考えるのではなく、責任を持った主体が統一的な情報管理のあり方を考えることにより、会社の個別的目的に応じた体制構築と予算配分をすることができる。

情報保護ギャップの解消によるリスクの軽減

　ある情報に対しては手厚い保護がなされたり、保護がなされなかったりということを防ぐ。前述のとおり、ある研究開発に関する情報が、個人情報、インサイダー情報、および営業秘密に該当する場合がある。営業秘密としての保護だけではなく、その他の側面からの保護も可能にすることができる。

コストの削減

　同じ情報管理システムを使用することにより、コストの削減ができる。

　米国訴訟費用の削減（ディスカバリー・コスト削減）ができる。ディスカバリーが必要となった際には、その時になって自社システムの情報を検索して、必要なものと必要でないものを仕分けすることはコストの増加につながる。

図表 1-14　IT システム面から見た統一的アプローチへの対応

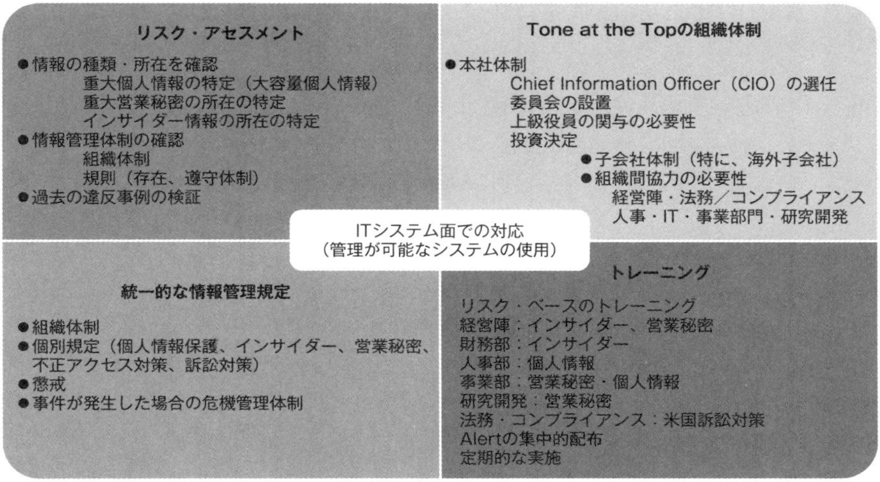

　社内のコストという面から考えても、統一的な情報管理は有用である。規制のオーバーラッピングの解消（効率的な教育活動）、個人情報保護法のトレーニング、営業秘密のトレーニングなどが容易に行えるようになる。またペーパーレス化に移行することにより、印刷などの経費が削減される。

　では、統一的なアプローチを実現するためには、どのような手順をとっていくべきだろうか。以下、説明したい。

(1)　リスク・アセスメント

　まずは、社内の情報管理に関するリスクを正しく把握することから始めなければならない。そこで必要になるのは、社内で取り扱っている情報の確認と、そこから生じうるリスクを確定する作業である。

(a)　情報の種類・所在を確認

　　最初は、どこに何があるのかという整理から始めなければならない。

- ●重大個人情報の特定（大容量個人情報）
- ●重大営業秘密の所在の特定
- ●インサイダー情報の所在の特定

　　具体的には、各部署に統一的な質問表を送付し、その部署の責任者に、以下について回答することを要求する。

- ●その部署で使用されているすべての情報
- ●その部署が他社または他部門から受領しているすべての情報
- ●その部署から他社または他部門に送っているすべての情報
- ●その部署で使用されている情報管理の方法、保存先

　　これらの情報を収集することにより、会社内で扱われている情報と、その流れを把握することが可能となる。

(b)　情報管理体制の確認

　　ここで行われるのは「ギャップ・アナリシス」という手法である。「ギャップ・アナリシス」とは、社内で収集・保管されている情報管理に関する現在の体制を確認し、それと望ましい体制を比較することにより、あるべき体制の構築に向けて対処を行うことを意味する。

　　確認すべき事項は、以下のようなものになる。

- ●情報の管理に関する組織体制
- ●情報の管理に関する規則（規則が存在するか、遵守体制がどうなっているか）
- ●IT 体制（使用されている情報管理システム、外部委託の状況）
- ●情報管理に関する教育体制（トレーニングの有無、頻度、従業員の受講体制など）

(c)　過去の違反事例の検証

　　自社内に情報の漏えいが過去にあるか、その際にはどのような対応が行われたのか、という点を検証することにより、情報管理の十分性、改善点を確認することができる。

⑵　Tone at the Top の組織体制

　２つめは、組織体制の確立を行うステップである。この際に注意しなければならないのが、情報管理に関する組織は、トップダウンで行われるように構成されていなければならないということである。これにより、情報管理システムについてのトップの意向が反映され、各従業員にまで情報保護の意識が浸透することとなる。前述のとおり情報保護は取締役の善管注意義務の問題であるから、情報保護は、責任を負うトップがトップダウンで決定しなければならない事項である。

　組織体制の中身としては、以下のような事項が検討されなければならない。

本社体制の整備
- CIO（Chief Information Officer）の選任
- 委員会の設置
- 上級役員の関与の必要性
- 投資決定。有効な情報管理体制構築のためには、適切な IT システムの導入が必要となる。

子会社体制の整備

　特に、海外子会社に関して、直接のコントロールを及ぼすことが困難である会社が多く見られ、情報管理が手薄になりがちである。本社が子会社の体制にまで踏み込んで情報管理体制を構築できなければならない。

組織間協力の必要性

　統一的な情報の管理のためには、「部門の壁」を取り払った組織間の協力が必要となる。例えば、経営陣・法務／コンプライアンス・人事・IT・事業部門・研究開発が、相互に連絡し、協力する体制を作成しなければならない。

(3)　統一的な情報管理規定

統一的な情報管理の実現のために、組織内で遵守すべき管理規定の制定が必要である。この情報管理規定は、以下のような内容を含むべきである。

組織体制
- CIO、委員会、法務・コンプライアンス部門の設置
- 関連部署の義務と責任の定め
- IT、人事、事業部、研究開発

個別規定
- 情報の定義
- 情報の漏えいの禁止・持ち出し制限
- 情報の削除に関する催促、削除の制限
- 対象情報のラベリングに関するルール
- アクセス制限
- 技術的保護手段（IT）：バックアップ、不正アクセス対策、パスワード管理、持ち込み機器・記憶媒体に関するルール
- コスト削減のための情報の定期的削除の奨励

情報管理規定の違反の際の懲戒に関する規定
事件が発生した場合の危機管理体制

⑷　トレーニング

　情報マネジメントの精神を各従業員にも浸透させるためには、従業員に対する教育が欠かせない。従業員に対して、定期的なトレーニングを行い、情報マネジメントの重要性を説くことが必要である。

　トレーニングに際して注意をすべき点は以下のようになる。

一般的なトレーニングに加えて、リスク・ベースのトレーニングを行うこと

　共通の IT システムに関するトレーニングなど、全社的に共通する事項に関してはすべての部署に同じトレーニングを行うことが考えられるが、部署ごとに異なりうるトピックについては、以下のようにそれに応じたトレーニングを行うことが重要であろう。

- ●経営陣：インサイダー、営業秘密
- ●財務部：インサイダー
- ●人事部：個人情報
- ●事業部：営業秘密・個人情報
- ●研究開発：営業秘密
- ●法務・コンプライアンス：米国訴訟対策

　上記の統一的アプローチを可能にする中核が、IT システムである。リスク・アセスメントの結果に基づいて特定された弱点を補いつつ、統一的な管理規定に沿った文書・情報を管理できる IT システムを導入することが重要である。望ましい IT システムの概要に関しては、第 7 章以降においてさらに述べる。

個人情報保護のための
情報マネジメント

個人情報、営業秘密、ディスカバリー、インサイダー取引などは、まったく異なった法制度であり、それらが対象とする情報は異なる性格の情報に見えるかもしれない。しかし、いずれの情報も、その管理の手法には共通の部分がたくさんある。

本章以降では、関連する法制度ごとに、個人情報（第2章）、営業秘密（第3章）、ディスカバリー（第4章）、インサイダー取引（第5章）として説明し、必要とされる情報管理の要件をあげたうえで、最後に第6章で統一的な管理のための手法を探っていくことにする。それぞれの情報と法制度については、各会社は、①複数の法律における要求事項の違いを理解しつつ、②部門を横断して統一的な情報管理手法を実行する（できる）責任者による管理を行っていく必要があるが、そのために具体的に何をしていけばよいのかについても説明したい。

1 個人情報保護法改正と情報マネジメント

個人情報の保護に関する法（以下、単に「個人情報保護法」）は、2015年9月

3日に改正され、2017年5月30日から改正法の規定が完全施行されている。改正の内容は多岐にわたるが、情報マネジメントの観点から重要な改正のポイントは以下のとおりである。

(1)　匿名加工情報についての規定の追加

　匿名加工情報（①特定の個人を識別することができないように個人情報を加工して得られる個人に関する情報であって、②もとの個人情報を復元できないようにしたもの）の作成・取り扱いについては、以下の事項の遵守が求められる。

- 匿名加工情報データベース等を構成する匿名加工情報の作成にあたっては、個人情報保護委員会規則で定める基準に従って加工を行わなければならない。
- 作成した匿名加工情報について、個人情報保護委員会規則で定める基準に従った安全管理のための措置を講じなければならない。
- 匿名加工情報を作成した時は、当該匿名加工情報に含まれる個人に関する情報の項目を公表しなければならない。
- 作成した匿名加工情報を第三者に提供する時は、それに含まれる個人に関する情報の項目と、その提供の方法について公表し、第三者に対して、提供する情報が匿名加工情報であることを明示しなければならない。
- 匿名加工情報を他の情報と照合して匿名加工情報の作成に用いられた個人情報に係る本人を識別してはならない。
- 作成した匿名加工情報の安全管理のために必要かつ適切な措置などを講じ、当該措置の内容を公表するよう努めなければならない。

　上記のほかにも、自ら作成したのではない匿名加工情報を取り扱う事業者（匿名加工情報取扱事業者）も、第三者提供の際の公表、識別行為の禁止、安全管理措置の導入が求められる。

　会社内で個人情報データベースから氏名等を除いたデータを作成するとただちに匿名加工情報に該当するわけではない。ただし、特に第三者に提供するために匿名加工情報を作成する場合には、当該匿名加工情報について、上記のような特に要求される対応が可能であるように取り扱い規定の整備などを行わなければならない。

(2)　要配慮個人情報についての規定の追加

　改正法では、本人の人種、信条、社会的身分、病歴、犯罪の経歴、犯罪により害を被った事実、およびその他の一定の事実[1] を「要配慮個人情報」として定め、その取り扱いについては、通常の個人情報とは異なる定めを置いている。具体的には、以下の2点を遵守しなければならない。

- 法令に基づく収集の場合など、一定の例外に該当する場合を除き、あらかじめ本人の同意を得ないで、要配慮個人情報を取得してはならない。
- 要配慮個人情報に関しては、オプトアウト（本人の求めに応じて個人データの第三者への提供を停止すること）の手法による第三者への提供を行ってはならない。

　したがって、要配慮個人情報を取り扱う会社においては、情報システムにおいて、通常の個人情報とは異なる上記の取り扱いが適切に行われるようにする必要がある。

1　個人情報保護法施行令において、以下のものが「要配慮個人情報」に指定されている。
　1　身体障害、知的障害、精神障害（発達障害を含む）その他の個人情報保護委員会規則で定める心身の機能の障害があること。
　2　本人に対して医師その他医療に関連する職務に従事する者（「医師等」）により行われた疾病の予防および早期発見のための健康診断その他の検査（「健康診断等」）の結果。
　3　健康診断等の結果に基づき、または疾病、負傷その他の心身の変化を理由として、本人に対して医師等により心身の状態の改善のための指導または診療もしくは調剤が行われたこと。
　4　本人を被疑者または被告人として、逮捕、捜索、差押え、拘留、公訴の提起その他の刑事事件に関する手続きが行われたこと。
　5　本人を少年法第三条第一項に規定する少年またはその疑いのある者として、調査、観護の措置、審判、保護処分その他の少年の保護事件に関する手続きが行われたこと。

(3)　個人情報の第三者提供の際の確認・記録義務

　個人情報の第三者への提供にあたっては、情報を提供した本人の同意が必要である。この点は、改正法においても変わることはない。

　改正法において新たに要求されているのは、第三者提供の受領者による確認義務と、提供者・受領者双方に課される記録義務である。

(a)　受領者の確認義務

　個人情報取扱事業者は、第三者から個人データの提供を受ける際には、その該当する個人データの「取得の経緯」を確認しなければならないものとされた。具体的には、取得先がどのようなものであったのか（顧客であったか、従業員であったか等）、取得行為の態様（本人からの直接取得か、公開情報からの取得か等）などを確認しなければならないとされている。その方法としては、個人情報の提供をしてきた第三者に、取得のときに使用した書面を確認するなどの方法をとらねばならない。

(b)　提供者の記録義務

　第三者に個人データの提供を行う場合は、「提供に関する一定の事項に関する記録を作成しなければならない。」とされている。具体的な記録内容は、オプトアウトによる第三者提供の場合と、本人の同意に基づく第三者提供の場合で異なる。図表2-1でチェックマークがついている事項を記録しておかなければならない。

図表 2-1　提供者に記録義務が課された事項

	提供年月日	第三者の氏名	本人の氏名	提供する個人データの項目	本人の同意を得ていること
オプトアウトの場合	✓	✓	✓	✓	
本人の同意がある場合		✓	✓	✓	✓

(c)　受領者の記録義務

　　第三者提供を受けた側の当事者は、上記の確認を行うとともに、提供の形態に応じて、図表 2-2 でチェックマークがついている事項を記録しておかなければならない。

　　なお、記録の最低保管期間は、最大で 3 年となっている。

図表 2-2　受領者に記録義務が課された事項

	提供年月日	第三者の氏名	取得の経緯*	本人の氏名	提供する個人データの項目	個人情報保護委員会の公表のあること**	本人の同意を得ていること
オプトアウトの場合	✓	✓	✓	✓	✓	✓	
本人の同意がある場合		✓	✓	✓	✓		✓
事業者以外から提供を受ける場合		✓	✓	✓	✓		

(注)　*提供者から得た経緯の内容を記載するほか、確認した書面の写しなどを保存することで要件が満たされる。
　　　**オプトアウトについては、個人情報保護委員会への届出および公表がなされていることの確認および記録をする。

⑷　国外への個人情報の移転についての制限

　改正個人情報保護法のもとでは、日本国外への個人情報の移転に一定の規制が課せられることとなった。日本国外の第三者には、以下のいずれかに該当する場合でなければ、個人情報の移転はできないのである[2]。

①　第三者が、日本と同等の水準にある個人情報保護制度を有している国として個人情報保護委員会が定める国に所在する場合

　現在のところ、個人情報保護委員会が「日本と同等の水準にある」と定めた国は存在しないので、事実上この規定は使用できない。

②　第三者が、定められた個人情報保護体制を整備している場合

　実際には第三者が、個人情報保護法第4章第1節の規定に定められた各種の義務の趣旨に沿った個人情報保護措置を、契約や社内規則などによって遵守しているという状態にあることが求められる。なお、APEC の CBPR 認定（日本においては JIPDEC がアカウンタビリティ・エージェントとして認定を行っている）を受けている場合も、この条件を満たす。

③　同意がある場合

　ここで言う同意とは、外国にある第三者に個人データを提供することを明確にしたうえでの同意である。そのような前提を満たさない同意を取得していた場合には、同意を根拠として国外の第三者に個人情報を提供することはできない。

　なお、この規制は、個人情報の処理などを委託する場合にも適用されることに注意を要する。第三者への提供については委託の場合は例外的に同意なき提供が認められていたが、国外の委託先への個人情報の移転の場合は、委託であ

2　個人情報保護法第 23 条第 1 項各号に定める場合（法令に基づく提供の場合など、第三者への提供に同意が不要の場合）は、この制限は適用されない。

るからといって本要件から免れることはできないのである。

　以上のような、改正法における新たな要求事項を踏まえたうえで、個人情報のマネジメントを行っていく必要がある。

2　改正個人情報保護法における情報マネジメント

　実際のところ、個人情報保護法の改正前における個人情報の管理にあたっては、漏えいなどの事件が起こった際の対応、すなわち、「有事」の際の対処にかなりのウェイトが置かれていた。これは、改正前の個人情報保護法では、ひとたび通知・同意のもとに個人情報を収集したあとは、個人情報の取り扱いに関する安全管理措置について、あまり厳密な個人情報の管理が要求されていなかったためである。

　ただし、改正された個人情報保護法に関しては、上記の改正点も含めて、「平時」の、日常的な情報管理の方も重要となることとなった。図表2-3は、個人情報の管理において、平時と有事でどのような対応を行わなければならないかを示したものである。

　このように、改正個人情報保護法においては、通常の事業の運営の中での個人情報保護法対応がより必要であることが示唆されている。日常的な個人情報の取り扱いをちゃんと管理しなさい、ということなのである。

　そして、このことは、個人情報取り扱い規定などの規定類を作っただけでは十分ではないことを示している。既に述べたとおり、プライバシー・ポリシーを作っても、それに加えて利用目的として何を記載したか、その範囲はどうなっていたか（過去のものも含める）が管理できていることが必要であり、また、個人情報

図表 2-3　個人情報の管理における平時と有事の対処の比較

平時	有事
●利用目的等の通知・公表 ●第三者提供のための同意の取得 ●第三者提供の際の確認・記録（提供側・受領側の双方） ●第三国移転が可能であることの確保（同意または受領者側における体制の整備） ●匿名情報の作成・提供に関する義務の遵守 ●要配慮個人情報にあたるかの判断と同意の取得 ●本人からの、苦情や削除の要求などの問い合わせの対応	●漏えいの際の、監督官庁または個人情報保護団体への通知 ●漏えいの際の、影響を受けた個人への通知

の第三者からの受領または第三者への提供に際しては、一定の事項が記録できることが、システム上で確保されていなければならない。

　今までの個人情報に関しては、取ったら取りっぱなし、という取り扱いでも何とかなっていたかもしれないが、改正個人情報保護法のもとでは、より高度な情報マネジメントが要求されるのである。

　では、具体的な情報管理の方法を見ていこう。

　改正個人情報保護法においても、各企業が備えるべき情報管理措置について、法律上は明確な要求事項はない。個人情報保護法は単に、「個人情報取扱事業者は、その取り扱う個人データの漏えい、滅失またはき損の防止その他の個人データの安全管理のために必要かつ適切な措置を講じなければならない。」（第20条）と述べているだけである。

　しかし、この点に関して、個人情報保護委員会が「個人情報の保護に関する法律についてのガイドライン（通則編）」の中で、企業が具体的に行うべき行動を定めている。このガイドラインは、法律上の拘束力を持つものではないが、実務上有用である。また、企業が最低限備えておくべき措置についての一定の目安と

なるため、前述の、取締役の善管注意義務の判断に際しても、これを下回る措置しかとっていない場合には善管注意義務違反を認定される可能性が高まると言える。

ガイドラインで規定されている措置は、以下のとおりである。

(1)　基本方針の策定

個人情報の保護の適正な取り扱いの確保に組織として取り組むためには、まず基本方針を策定することが重要とされる。

ガイドライン上は、最低限、以下の点を定めるべきとされている。

- ●事業者の名称
- ●関係法令・ガイドライン等の遵守
- ●安全管理措置に関する事項
- ●質問および苦情処理の窓口

前述のとおり、この基本方針の策定にあたっては、まずリスク・アセスメントを行うべきである。社内の情報の所在および移動の状況を確定し、望ましい保護体制と現状の差を確認するギャップ・アナリシスを行うことで、企業として不足しており、かつ改善していかなければならない点についての方向性が見えることになる。

また、ガイドラインで定められた事項のほか、実務上は、以下の点にも留意して基本方針を定めるべきである。

ガイドラインは会社の運営に責任ある人間または部署の名前で出されること

情報の安全なマネジメントという概念は、トップダウンで組織に浸透させることが必要である。責任ある人間または部署の名前で出されることにより、その重要性が示される。

漏えい等の場合の対応に関する措置

　後述するように、情報漏えいの場合も、トップが率先して指揮を執り、解決していかなければならない場面となる。会社のトップが関与する基本的な対応方針を徹底することが重要である。

情報システムの使用に関する基本的な方針

　情報マネジメントには、適切な情報システムの使用が欠かせない。会社内の情報の管理を統一的なシステムで全社的に行うことを定めるべきである。

(2)　個人データの取り扱いに係る規律の整備

　次に行わなければならないのは、基本方針に基づいた個別的な規律の制定である。

　この規律は、情報の取得、利用、保存、提供、削除・廃棄等の段階ごとに、取り扱い方法、責任者・担当者およびその任務等について定める個人データの取り扱い規程を策定することが必要である。

　前述のとおり、個人情報の適切な取り扱いのためには、情報の取得から移動、利用にいたる流れのすべてを把握して適切に管理することが必要となる。また、必要に応じたアクセス制限なども定めることが必要となる。

　具体的には、以降に記述する組織的安全管理措置、人的安全管理措置、物理的安全管理措置、技術的安全管理措置の内容を織り込むこととなる。

　なお、中小企業においては、「個人データの取得、利用、保存等を行う場合の基本的な取扱方法を整備する」ことで足りるとされている。

(3)　組織的安全管理措置

　運用についての規律のほかに、その運用を確実なものにする組織的な仕組みについても整備しなければならない。そのために、以下のことを行うべきであ

る。

(a)　組織体制の整備

例として、以下の事項について整備を行う。

- 個人データの取り扱いに関する責任者の設置および責任の明確化
- 個人データを取り扱う従業者およびその役割の明確化
- 上記の従業者が取り扱う個人データの範囲の明確化
- 法や個人情報取り扱い事業者において整備されている個人データの取り扱いに係る規律に違反している事実または兆候を把握した場合の責任者への報告連絡体制
- 個人データの漏えい等の事案の発生または兆候を把握した場合の責任者への報告連絡体制
- 個人データを複数の部署で取り扱う場合の各部署の役割分担および責任の明確化

なお、これらの事項に関しては、部署ごとに責任を分散させるのではなく、会社内で管理に責任を有する人間が一括して管理することができる体制にすることが望まれる。

(b)　個人データの取り扱いに係る規律に従った運用

個人データの取り扱いに係る規律に従った運用を確保するためには、例えば次のような項目に関して、システムログその他の個人データの取り扱いに係る記録の整備や業務日誌の作成等を通じて、個人データの取り扱いの検証を可能とする。

- 個人情報データベース等の利用・出力状況
- 個人データが記載または記録された書類・媒体等の持ち運び等の状況
- 個人情報データベース等の削除・廃棄の状況（委託した場合の消去・廃棄を証明する記録を含む）

●個人情報データベース等を情報システムで取り扱う場合、担当者の情報システムの利用状況（ログイン実績、アクセスログ等）

繰り返し述べているところであるが、改正個人情報保護法においては、個人情報の移転のトラッキングができるようにしていなければならない。また、漏えいの危険性を抑えるためにも、個人情報の取得から廃棄までのすべての段階でモニタリングができることが望ましい。

また、情報管理に使用する IT システムは、これらのトラッキングおよびモニタリングができることが必要となる。

(c)　個人データの取り扱い状況を確認する手段の整備

例えば次のような項目をあらかじめ明確化しておくことが必要となる。

- ●個人情報データベース等の種類、名称
- ●個人データの項目
- ●責任者・取り扱い部署
- ●利用目的
- ●アクセス権を有する者、等

前述のとおり、個人情報は収集の際に通知・公表された利用目的のみに使用できるなど、個々の個人情報ごとに付加的な情報を記録して管理しなければならない。

(d)　漏えい等の事案に対応する体制の整備

漏えい等の事案の発生または兆候を把握した場合に適切かつ迅速に対応するための体制を整備しなければならず、そのためには以下の事項をあらかじめ定めておく必要がある。漏えいなどの場合には、漏えいを知ってから実際の対応が必要とされるまでの間に時間的余裕がないことが多いので、そのような短期間での対応が可能であるようなチーム編成および連絡体制の整備があらかじめ行われていなければならない。

- ●事実関係の調査および原因の究明
- ●影響を受ける可能性のある本人への連絡
- ●個人情報保護委員会等への報告
- ●再発防止策の検討および決定
- ●事実関係および再発防止策等の公表、等

(e)　取り扱い状況の把握および安全管理措置の見直し

　　継続的なアクション・アイテムとして、個人データの取り扱い状況を把握
し、安全管理措置の評価、見直しおよび改善をしなければならない。考えら
れる具体的な行動としては、以下が考えられる。

- ●個人データの取り扱い状況について、定期的に自ら行う点検または他部
署等による監査を実施する。
- ●外部の主体による監査活動と合わせて、監査を実施する。

(4)　人的安全管理措置

　　個人情報保護法第21条では、「個人情報取扱事業者は、その従業者に個人デー
タを取り扱わせるに当たっては、当該個人データの安全管理が図られるよう、
当該従業者に対する必要かつ適切な監督を行わなければならない。」と定めら
れている。したがって、従業員が個人データを取り扱う場合には、その従業員
に対する監督をしなければならず、また、従業員が日常的に適切な取り扱いを
行うように、従業員の教育を行っていくべきである。

　　具体的な行動は以下のとおりである。

- ●個人データの取り扱いに関する留意事項について、従業者に定期的な研修
等を行う。
- ●個人データについての秘密保持に関する事項を就業規則等に盛り込む。

　　また、扱う個人情報の重要性に応じて、場合によっては個別に従業員から個

人情報取り扱いに関する誓約書を取得するなどの措置も要求される。

(5)　物理的安全管理措置

　物理的に、個人データを取り扱う領域を制限することも、重要な安全管理措置の1つである。

(a)　個人データを取り扱う区域の管理

管理区域の管理手法の例

　●入退室管理および持ち込む機器等の制限等

　なお、入退室管理の方法としては、IC カード、ナンバーキー等による入退室管理システムの設置等が考えられる。

取り扱い区域の管理手法の例

　●壁または間仕切り等の設置、座席配置の工夫、のぞき込みを防止する措置の実施等による、権限を有しない者による個人データの閲覧等の防止

　ただし、会社内の IT システム全体から個人情報が参照できるようにする場合には、このような区域を区切っての管理は難しい場合がある。そのような場合は、次の機器自体のセキュリティ、およびアクセス制御などのセキュリティ対策がより重要となってくる。

(b)　機器および電子媒体等の盗難等の防止

　この項目は、個人情報が保存されていたり、または個人情報データベースにアクセスできる機器自体が盗難されたりするなどの事態による個人情報の漏えいを防ぐことを目的としたものである。PC（パソコン）やその他の機器のほか、USB メモリなどの記録媒体も同様となる。

　●個人データを取り扱う機器、個人データが記録された電子媒体または個人データが記載された書類等を、施錠できるキャビネット・書庫等に保

管する。

- 個人データを取り扱う情報システムが機器のみで運用されている場合は、当該機器をセキュリティ・ワイヤー等により固定する。

(c)　電子媒体等を持ち運ぶ場合の漏えい等の防止

　　PCや記録媒体を持って外出中に置き忘れたり、紛失したりするのは、典型的な漏えいの事案である。このような場合にも実際の漏えいが生じないようにすることが重要である。

　　なお、個人情報保護委員会の漏えい等事案に係るガイドライン「個人データの漏えい等の事案が発生した場合等の対応について」においては、紛失などの場合についても、「個人データ又は加工方法等情報について高度な暗号化等の秘匿化がされている場合」は、実質的に個人データまたは加工方法等情報が外部に漏えいしていないと判断される場合として、個人情報保護委員会等への報告は不要な場合にあたるとしている。

- 持ち運ぶ個人データの暗号化、パスワードによる保護等を行ったうえで電子媒体に保存する。
- 封緘、目隠しシールの貼り付けを行う。
- 施錠できる搬送容器を利用する。

(d)　個人データの削除および機器、電子媒体等の廃棄

　　個人データを利用・移転する場面だけではなく、個人データの廃棄の場面でも、情報の流出は問題となる。ハードディスクに保存されている情報は、PC上で削除の操作を行った場合でも物理的には残っている場合がある。以下のような形で、安全な廃棄を行わなければならない。

**　　個人データが記載された書類等を廃棄する方法の例**

- 焼却、溶解、適切なシュレッダー処理等の復元不可能な手段を採用する。

個人データを削除し、または、個人データが記録された機器、電子媒体等を廃棄する方法の例

- 情報システム（PC 等の機器を含む）において、個人データを削除する場合には、容易に復元できない手段を採用する。
- 個人データが記録された機器、電子媒体等を廃棄する場合には、専用のデータ削除ソフトウェアの利用または物理的な破壊等の手段を採用する。

(6)　技術的安全管理措置

多数の従業員が個人情報を取り扱う必要がある場合には、この技術安全管理措置が最も重要な個人情報保護対策ということになる。

(a)　アクセス制御

- 個人情報データベース等を取り扱うことのできる情報システムを限定
- 情報システムによってアクセスすることのできる個人情報データベース等を限定する。
- ユーザー ID に付与するアクセス権により、個人情報データベース等を取り扱う情報システムを使用できる従業者を限定する。

(b)　アクセス者の識別と認証

情報システムを使用する従業者の識別・認証手法の例

- ユーザー ID、パスワード、磁気・IC カード等

なお、単に PC へのログイン時にアクセス制限を行うだけではなく、その者がシステム上でどのような行為を行っているかを逐一監視できるシステムが望ましい。

(c)　外部からの不正アクセス等の防止

- 情報システムと外部ネットワークとの接続箇所にファイア・ウォール等を設置し、不正アクセスを遮断する。
- 情報システムおよび機器にセキュリティ対策ソフトウェア等（ウイルス対策ソフトウェア等）を導入する。
- 機器やソフトウェア等に標準装備されている自動更新機能等の活用により、ソフトウェア等を最新状態とする。
- ログ等の定期的な分析により、不正アクセス等を検知する。

(d)　情報システムの使用に伴う漏えい等の防止

- 情報システムの設計時に安全性を確保し、継続的に見直す（情報システムのぜい弱性を突いた攻撃への対策を講ずることも含む）。
- 個人データを含む通信の経路または内容を暗号化する。
- 移送する個人データについて、パスワード等による保護を行う。

改正個人情報保護法のための
チェックリスト

　上記を踏まえて、情報管理のシステムに必要となる要件を踏まえた、改正個人情報保護法におけるアクション・アイテムのチェックリストを、下にまとめる。自社の体制および保護措置が十分であるかの確認に役立ててほしい。

(1)　総論

No.	個人情報保護法・ガイドラインが求める対応	アクション・アイテム	義務 / 推奨	推奨項目の優先度
1.	—	**担当者の選任** 個人情報保護法改正対応のための実務対応担当者(「**改正対応担当者**」)を選任する。可能であれば個人情報を取り扱う業務ごとの選任がより望ましい。	推奨	C
2.	—	**役職員・従業員の教育・周知** 個人情報の取り扱いにつき責任を有する役職員および関与する従業員に対して、改正法に関する教育を実施し、周知徹底を図る。	推奨	C
3.	—	**取り扱われている個人情報の確認** 改正対応担当者において、担当する業務において取得する情報の中にどのような個人情報が含まれているかを確認する。特に、特定の個人を識別できる番号や記号等の符号（例：保険者番号、DNA や指紋等の身体的特徴をもとに作成された本人を認証できる情報等。このような情報は個人情報保護法において「個人識別符号」と定義される）が含まれる情報は個人情報となることが明確にされており、	推奨	C

| | | 留意が必要である。
該当するか否かの判断が難しい場合には、
法務またはその他の責任部署に照会する。 | | |

（2）　利用目的

No.	個人情報保護法・ガイドラインが求める対応	アクション・アイテム	義務／推奨	推奨項目の優先度
4.	個人情報の利用目的を変更する場合には、変更前の利用目的と関連性を有すると合理的に認められる範囲を超えて行ってはならない（個人情報保護法 15 条 2 項）。 なお、改正前個人情報保護法においては、変更前の利用目的と「相当の関連性」を有する範囲でのみ変更が認められていたが、改正によりその範囲がやや拡張されたものである。	**利用目的変更プロセスの確認** 取得した個人情報の利用目的を変更する場合において、変更後の利用目的が、変更前の利用目的と関連性を有すると合理的に認められる範囲に限られるよう、個人情報保護法の要件を周知徹底し、判断が難しい場合には、法務担当者に照会する体制を整える。	推奨	C
5.	利用目的の達成に必要な範囲内において、個人データを正確かつ最新の内容に保つとともに、利用する必要がなくなったときは、当該個人データを遅滞なく消去するよう努めなければならない（個人情報保護法 19 条）。	**不要となった個人データの消去プロセスの確立** 不要となった個人データが生じた場合には、その個人データが遅滞なく消去されるような体制を確立する。	推奨	C

(3)　要配慮個人情報

No.	個人情報保護法・ガイドラインが求める対応	アクション・アイテム	義務 / 推奨	推奨項目の優先度
6.	**要配慮個人情報を取得するには、原則として本人の同意を取得しなければならない（個人情報保護法 17 条 2 項）。**	**要配慮個人情報取り扱い業務の洗い出し** 改正対応担当者において、担当する業務において、改正法施行後に取得する個人情報の中に要配慮個人情報に該当するものがないかを確認する。 該当するか否かの判断が難しい場合には、法務またはその他の責任部署に照会する。	推奨	a
7.	同上	**同意取得の有無の確認、適切な同意の取得** 改正対応担当者において、担当する業務において、要配慮個人情報を本人の同意なく取得しているものがないか確認する。 要配慮個人情報を取得している業務がある場合には、改正法施行後は、要配慮個人情報の取得について本人から同意を取得するよう、業務プロセスを確立する。	義務	
8.	**要配慮個人情報については、第三者への提供についてオプトアウトの方法に依拠することはできない（個人情報保護法 23 条 2 項）。**	**オプトアウトにより要配慮個人情報を提供している業務の洗い出し** 改正対応担当者において、担当する業務において、改正法施行後に第三者に要配慮個人情報を提供するものがないかを確認し、かつ、オプトアウトの方法を使用しているものがないか確認する。 もしオプトアウトの方法を使用するものがある場合には、その要配慮個人情報の第三者への提供を中止する。 なお、オプトアウトの意味については、p.69 以下の「別紙①　関連定義等」を参照。	推奨	a

⑷　第三者提供を受ける際の確認および記録作成義務

No.	個人情報保護法・ガイドラインが求める対応	アクション・アイテム	義務 / 推奨	推奨項目の優先度
9.	第三者（＝提供者）から個人データの提供を受ける場合には、原則として以下の事項を確認しなければならない（個人情報保護法 26 条）。 ●提供者の氏名・名称、住所・所在地。法人等の場合にはその代表者の氏名 ●提供者によるその個人データの取得の経緯 なお、保存期間は、個人データの取得の経緯等に応じて 1 年または 3 年である。	**第三者提供を受けている業務の洗い出し** 改正対応担当者において、担当する業務において、改正法施行後に第三者から個人データの提供を受ける業務がないかを確認する。 判断が難しい場合には、法務またはその他の責任部署に照会する。	推奨	a
10.	同上	**記録作成義務の例外判定** 改正法施行後に第三者から個人データの提供を受けることとなる業務がある場合には、改正対応担当者において、「別紙②第三者提供記録の作成・保管が不要となる例外」に列挙された記録作成義務の例外に該当するか否かを確認する。 該当するか否かの判断が難しい場合には、法務またはその他の責任部署に照会する。	推奨	b
11.	同上	**記録作成・保管** 第三者提供を受けている業務について、記録作成義務の例外に該当しない場合には、改正法施行後は、その個人データの取得について記録が作成され、必要な期間保管されるよう、業務プロセスを確立する。	義務	

| 12. | 同上 | **記録用のひな型の作成**
個人データを第三者から受領する場合に備え、必要とされる記録作成のためのひな型を作成する。 | 推奨 | c |

（5）　第三者への個人データの提供（提供の要件および記録作成義務）

No.	個人情報保護法・ガイドラインが求める対応	アクション・アイテム	義務／推奨	推奨項目の優先度
13.	個人データを第三者に提供するためには、原則として本人の同意が必要である（個人情報保護法23条）。 なお、個人データの第三者への提供に原則として同意が必要であるという点は、改正前個人情報保護法でも同様である。	**第三者提供をしている業務の洗い出し** 改正対応担当者において、担当する業務において、改正法施行後において第三者に個人データを提供することとなる業務がないかを確認し、かかる提供について本人の同意を得ているかを確認する。 本人の同意を得ていないものが存在する場合には、個人データの第三者提供の例外として定められている以下の3類型のうちのいずれについての要件を満たして実施しているかを確認する。 ●オプトアウトについての要件（改正前個人情報保護法23条2項） ●委託についての要件（改正前個人情報保護法23条4項1号） ●共同利用についての要件（改正前個人情報保護法23条4項3号）	推奨	a
14.	要配慮個人情報については、第三者への提供についてオプトアウトの方法に依拠することはできない（個人情報保護法23条2項）。	第8項参照	推奨	a
15.	オプトアウトによる第三者提供には、個人情報保護委員会への届け出も必要である（個人情報保護法23条2項）。	**オプトアウトについての届け出** 改正法施行後にオプトアウトの方法で個人データを第三者に提供する場合には、個人情報保護委員会に届け出をする。	義務	

16.	個人データを第三者に提供した時は、原則として、その提供に関して以下の記録を作成しなければならない（個人情報保護法25条1項） ● その個人データの提供年月日 ● 提供を受けた者の氏名・名称 ● その他、ガイドライン（提供記録編）に定める事項 ただし、記録が不要となる例外も定められている（ガイドライン（提供記録編））。 なお、保存期間は、個人データの取得の経緯等に応じて1年または3年である。	**記録作成義務の例外判定** 改正法施行後において第三者に個人データを提供することとなる業務がある場合には、改正対応担当者において、p.70「別紙②　第三者提供記録の作成・保管が不要となる例外」に列挙された記録作成義務の例外に該当するか否かを確認する。該当するか否かの判断が難しい場合には、法務またはその他の責任部署に照会する。	推奨	**b**
17.	同上	**記録作成・保管** 記録作成義務の例外に該当しない場合には、改正法施行後は、その個人データの取得について記録が作成・保管されるように、業務プロセスを確立する。	義務	
18.	同上	**記録用のひな型の作成** 個人データの第三者への提供に備え、必要とされる記録作成のためのひな型を作成する。	推奨	**c**

(6)　外国にある第三者への個人データの提供（提供の要件および記録作成義務）

No.	個人情報保護法・ガイドラインが求める対応	アクション・アイテム	義務／推奨	推奨項目の優先度
19.	個人データを外国にある第三者へ移転するには、以下のいずれかの要件を満たす必要がある（個人情報保護法24条）。 ●本人の同意 ●個人情報保護法上の義務履行体制の整備	**外国にある第三者へ個人データの移転をしている業務（委託業務も含む）の洗い出し** 改正対応担当者において、担当する業務において、改正法施行後に外国にある第三者に個人データを提供することとなる業務がないかを確認し、かかる提供について本人の同意を得ているかを確認する。なお、外国にある第三者への個人データの移転に関しては、たんなる第三者への個人データの移転の場合とは異なり、委託の場合の例外規定が存在しないので、委託に伴って外国にある第三者への個人データの移転が発生する場合についても、受託者による義務履行体制の整備がない限り、本人の同意確認が必要。 本人の同意を得ていない場合には、外国の第三者への個人データの提供に必要な義務履行体制を整備しているかを確認する。	推奨	a
20.	本人の同意を得ずに外国の第三者への個人データを提供するために必要な義務履行体制の具体例として、ガイドライン（外国提供編）は、以下をあげる。	**義務履行体制整備の確認** 改正法施行後において外国にある第三者に個人データを提供することとなる業務がある場合には、その業務の区分に応じて、以下の対応がとられているかを確認し、未対応の場合には対応に向けて法務またはその他の責任部署と協議する。	義務	

	●提供元および提供先間の契約、確認書、覚書等（外国にある事業者に個人データの取り扱いを委託する場合） ●提供元および提供先に共通して適用される内規、プライバシー・ポリシー等（同一企業グループ内で個人データを移転する場合）	●提供先との間で、提供先が個人情報保護について日本の個人情報保護法で求められる程度の義務を負う旨の契約の締結（外国にある事業者に個人データの取り扱いを委託する場合） ●提供元および提供先に共通して適用される内規、プライバシー・ポリシー等の整備（同一企業グループ内で個人データを移転する場合）		
21.	個人データを第三者に提供した時は、原則として、その提供に関して以下の記録を作成しなければならない（個人情報保護法25条1項） ●その個人データの提供年月日 ●提供を受けた者の氏名・名称 ●その他、ガイドライン（提供記録編）に定める事項 ただし、記録が不要となる例外も定められている（ガイドライン（提供記録編））。 なお、保存期間は、個人データの取得の経緯等に応じて1年または3年である。	**記録作成義務の例外判定** 改正法施行後において外国にある第三者に個人データを提供することとなる業務がある場合には、改正対応担当者において、p.70「別紙②　第三者提供記録の作成・保管が不要となる例外」に列挙された記録作成義務の例外に該当するか否かを確認する。 該当するか否かの判断が難しい場合には、法務またはその他の責任部署に照会する。	推奨	b

No.		アクション・アイテム	義務 / 推奨	
22.	同上	**記録作成・保管** 記録作成義務の例外に該当しない場合には、改正法施行後は、その個人データの取得について記録が作成・保管されるよう、業務プロセスを確立する。	義務	
23.	同上	**記録用のひな型の作成** 個人データの第三者への提供に備え、必要とされる記録作成のためのひな型を作成する。	推奨	c

(7)　匿名加工情報

No.	個人情報保護法・ガイドラインが求める対応	アクション・アイテム	義務 / 推奨	推奨項目の優先度
24.	匿名加工情報に関する義務が「別紙③　匿名加工情報に関する義務」のとおり定められている（個人情報保護法 36 条）。	**匿名加工情報を作成する業務の洗い出し** 改正対応担当者において、担当する業務において、改正法施行後において匿名加工情報を作成または取り扱うこととなるものがないかを確認する。 なお、匿名加工情報の定義については、p.69「別紙①　関連定義等」を参照。	推奨	a
25.	同上	**業務プロセスの確立** 匿名加工情報を取り扱うこととなる業務がある場合には、法務またはその他の責任部署にその旨を報告し、p.71「別紙③ 匿名加工情報に関する義務」の各事項に対応するよう、業務プロセスを確立する。	義務	
26.	匿名加工情報の第三者提供に関する義務が「別紙③　匿名加工情報に関する義務」のとおり定められている。	**匿名加工情報を第三者へ提供する業務の洗い出し** 改正対応担当者において、担当する業務において、改正法施行後において匿名加工情報を第三者へ提供することとなる業務がないかを確認する。	推奨	a

| 27. | 同上 | **業務プロセスの確立**
匿名加工情報を第三者へ提供することとなる業務がある場合には、法務またはその他の責任部署にその旨を報告し、p.71「別紙③　匿名加工情報に関する義務」の各事項に対応するように、業務プロセスを確立する。 | 義務 | |

（8）　安全管理措置

No.	個人情報保護法・ガイドラインが求める対応	アクション・アイテム	義務／推奨	推奨項目の優先度
28.	取り扱う個人データの漏えい、滅失又はき損の防止その他の個人データの安全管理のために必要かつ適切な措置を講じなければならない（個人情報保護法20条）。	28項～41項参照。 なお、28項～41項の内容はガイドライン（通則編）において個人情報取り扱い事業者が具体的に講じなければならない措置や当該措置を実践するための手法の例として掲げられているものである。したがって、これらのすべてを実施しなければならないものではなく、リスクに応じて必要かつ適切な措置を取るべきとされる（そのため28項～41項の各項目は「推奨」に分類している）が、必要な措置を取ること自体は義務である。 また、ガイドライン（通則編）は、中小規模事業者について、取り扱う個人データの数量および個人データを取り扱う従業者数が一定程度にとどまること等を踏まえ、円滑にその義務を履行しうるような、実務上の負担が比較的軽いと考えられる措置を具体的な手法の例として示されている。かかる手法についても、28項～41項において【中小規模事業者措置】として併記する。なお、ここで「中	義務	

		小規模事業者」とは、従業員の数が100人以下の個人情報取り扱い事業者を言うが、その事業の用に供する個人情報データベース等を構成する個人情報によって識別される特定の個人の数の合計が過去6月以内のいずれかの日において5,000を超える場合は「中小規模事業者」に該当しない。		
29.	以下の項目を含む基本方針および規程を制定し、個人データの取り扱いに係る規律を整備する。 ●事業者の名称 ●関係法令・ガイドライン等の遵守 ●安全管理措置に関する事項 ●質問および苦情処理の窓口 ●取得、利用、保存、提供、削除・廃棄等の段階ごとに、取り扱い方法、責任者・担当者およびその任務等についての定め 【中小規模事業者措置】個人データの取得、利用、保存等を行う場合の基本的な取り扱い方法を整備する。	推奨	b
30.	以下の方法等により組織体制を整備する。 ●個人データの取り扱いに関する責任者の設置および責任の明確化 ●個人データを取り扱う従業者およびその役割の明確化 ●上記の従業者が取り扱う個人データの範囲の明確化 ●法や個人情報取り扱い事業者において整備されている個人データの取り扱いに係る規律に違反している事実または兆候を把握した場合の責任者への報告連絡体制 ●個人データの漏えい等の事案の発生または兆候を把握した場合の責任者への報告連絡体制 ●個人データを複数の部署で取り扱う場合の各部署の役割分担および責任の明確化 【中小規模事業者措置】個人データを取り扱う従業者が複数いる場合、責任ある立場の者とその他の者を区分する。	推奨	b

31.	以下の項目等に関して、記録の整備や業務日誌の作成等を通じて、個人データの取り扱いに係る規律に従った運用を行う。 ● 個人情報データベース等の利用・出力状況 ● 個人データが記載または記録された書類・媒体等の持ち運び等の状況 ● 個人情報データベース等の削除・廃棄の状況（委託した場合の消去・廃棄を証明する記録を含む） ● 個人情報データベース等を情報システムで取り扱う場合、担当者の情報システムの利用状況（ログイン実績、アクセスログ等） 【中小規模事業者措置】責任ある立場の者が、あらかじめ整備された基本的な取り扱い方法に従って個人データが取り扱われていることを確認する。	推奨	c
32.	個人情報データベースごとに下記の各事項を明確化する等、個人データの取り扱い状況を確認する手段を整備する。 ● 個人情報データベース等の種類、名称 ● 個人データの項目 ● 責任者・取り扱い部署 ● 利用目的 ● アクセス権を有する者、等 【中小規模事業者措置】責任ある立場の者が、あらかじめ整備された基本的な取り扱い方法に従って個人データが取り扱われていることを確認する。	推奨	c
33.	漏えい等の事案発生時に以下のような対応を行うための体制を整備する。 ● 事実関係の調査および原因の究明 ● 影響を受ける可能性のある本人への連絡 ● 個人情報保護委員会等への報告 ● 再発防止策の検討および決定 ● 事実関係および再発防止策等の公表、等 【中小規模事業者措置】漏えい等の事案の発生時に備え、従業者から責任ある立場の者に対する報告連絡体制等をあらかじめ確認する。	推奨	b

34.	個人データの取り扱い状況を把握し、安全管理措置の見直しを行う。 ●個人データの取り扱い状況について、定期的に自ら行う点検または他部署等による監査を実施する。 ●外部の主体による監査活動と合わせて、監査を実施する。 【中小規模事業者措置】責任ある立場の者が、個人データの取り扱い状況について、定期的に点検を行う。	推奨	c
35.	従業者の教育として、個人データの取り扱いに関する留意事項について、従業者に定期的な研修等を行う。 【中小規模事業者措置】同上	推奨	b
36.	個人データについての秘密保持に関する事項を就業規則等に盛り込む。 【中小規模事業者措置】同上	推奨	b
37.	以下の方法等により、個人データを取り扱う区域を管理する。 ●入退室管理（入退室管理の方法としては、IC カード、ナンバーキー等による入退室管理システムの設置等） ●持ち込む機器等の制限等 ●壁または間仕切り等の設置 ●座席配置の工夫 ●のぞき込みを防止する措置の実施等による、権限を有しない者による個人データの閲覧等の防止 【中小規模事業者措置】個人データを取り扱うことのできる従業者および本人以外が容易に個人データを閲覧等できないような措置を講ずる。	推奨	b
38.	以下の方法等により、機器および電子媒体等の盗難等の防止策を講じる。 ●個人データを取り扱う機器、個人データが記録された電子媒体または個人データが記載された書類等を、施錠できるキャビネット・書庫等に保管する。 ●個人データを取り扱う情報システムが機器のみで運用されている場合は、当該機器をセキュリティ・ワイヤー等により固定する。 【中小規模事業者措置】同上	推奨	b

39.	以下の方法等により、電子媒体等を持ち運ぶ場合の漏えい等の防止策を講じる。 ● 持ち運ぶ個人データの暗号化、パスワードによる保護等を行ったうえで電子媒体に保存する。 ● 封緘、目隠しシールの貼り付けを行う。 ● 施錠できる搬送容器を利用する。 【中小規模事業者措置】個人データが記録された電子媒体または個人データが記載された書類等を持ち運ぶ場合には、パスワードの設定、封筒に封入し鞄に入れて搬送する等、紛失・盗難等を防ぐための安全な方策を講ずる。	推奨	b
40.	個人データを削除する場合、または個人データが記録された機器、電子媒体等を廃棄する場合について、以下の方法等を実行する。 ● 削除または廃棄した記録を保存する。 ● それらの作業を委託する場合には、委託先が確実に削除または廃棄したことについて証明書等により確認する。 ● 個人データが記載された書類等を廃棄する場合には、焼却、溶解、適切なシュレッダー処理等の復元不可能な手段を採用する。 ● PC 等の機器から個人データを削除する場合には、容易に復元できない手段を採用する。 ● 個人データが記録された機器、電子媒体等を廃棄する場合には、専用のデータ削除ソフトウェアの利用または物理的な破壊等の手段を採用する。 【中小規模事業者措置】個人データを削除し、または、個人データが記録された機器、電子媒体等を廃棄したことを、責任ある立場の者が確認する。	推奨	c
41.	以下の方法等の適切なアクセス制御を導入する。 ● 個人情報データベース等を取り扱うことのできる情報システムを限定する。 ● 情報システムによってアクセスすることのできる個人情報データベース等を限定する。 ● ユーザー ID に付与するアクセス権により、個人情報データベース等を取り扱う情報システムを使用できる従業者を限定する。 【中小規模事業者措置】個人データを取り扱うことのできる機器および当該機器を取り扱う従業者を明確化し、個人データへの不要なアクセスを防止する。	推奨	c

42.	ユーザー ID、パスワード、磁気・IC カード等による、アクセス者の識別と認証手法を導入する。 【中小規模事業者措置】機器に標準装備されているユーザー制御機能（ユーザー・アカウント制御）により、個人情報データベース等を取り扱う情報システムを使用する従業者を識別・認証する。	推奨	**b**
43.	以下の方法等により、外部からの不正アクセス等の防止策を講じる。 ●情報システムと外部ネットワークとの接続箇所にファイア・ウォール等を設置し、不正アクセスを遮断する。 ●情報システムおよび機器にセキュリティ対策ソフトウェア等（ウイルス対策ソフトウェア等）を導入する。 ●機器やソフトウェア等に標準装備されている自動更新機能等の活用により、ソフトウェア等を最新状態とする。 ●ログ等の定期的な分析により、不正アクセス等を検知する。 【中小規模事業者措置】 ●個人データを取り扱う機器等のオペレーティングシステムを最新の状態に保持する。 ●個人データを取り扱う機器等にセキュリティ対策ソフトウェア等を導入し、自動更新機能等の活用により、これを最新状態とする。	推奨	**c**
44.	以下の方法等により、情報システムの使用に伴う漏えい等の防止策を講じる。 ●情報システムの設計時に安全性を確保し、継続的に見直す（情報システムのぜい弱性を突いた攻撃への対策を講ずることも含む）。 ●個人データを含む通信の経路または内容を暗号化する。 ●移送する個人データについて、パスワード等による保護を行う。 【中小規模事業者措置】メール等により個人データの含まれるファイルを送信する場合に、当該ファイルへのパスワードを設定する。	推奨	**c**

別紙①　関連定義等

(1)　オプトアウト

　オプトアウトとは、個人データの第三者提供について、本人が個人データの第三者への提供を停止するよう求めた場合に、その個人データの第三者への提供を停止するようにすることである。改正前の個人情報保護法では、次に掲げる事項について、あらかじめ、本人に通知し、または本人が容易に知りうる状態に置いていれば、個人情報の第三者への提供を認めており、実務上、かかる方法に依拠した第三者への個人データの提供がオプトアウトと呼ばれていた。

(a)　第三者への提供を利用目的とすること
(b)　第三者に提供される個人データの項目
(c)　第三者への提供の手段または方法
(d)　本人の求めに応じて当該本人が識別される個人データの第三者への提供を停止すること

　しかし、オプトアウト手続きが形骸化しているとの批判があり、これを受けて、改正後の個人情報保護法においては、オプトアウトによる個人データの第三者への提供の要件を加重することとし、上記に加えて、個人情報保護委員会への届け出を要件とし、さらに、要配慮個人情報についてはオプトアウトによる第三者提供を認めないこととした。

(2)　匿名加工情報

　匿名加工情報とは、個人情報を法定の措置を講じて特定の個人を識別することができないように加工して得られる個人に関する情報であって、当該個人情報を復元して特定の個人を再識別することができないようにしたものである。
　具体例としては、以下のようなものがあげられる。

- 氏名、住所、生年月日が含まれる個人情報を加工する場合において、氏名を削除し、住所を○○県△△市に置き換え、生年月日から日を削除して生年月に置き換える（個人情報保護委員会ガイドライン（匿名加工情報編）10 頁）。
- サービス会員の情報について、氏名等の基本的な情報と購買履歴を分散管理し、それらに管理用 ID を付すことにより連結している場合、その管理用 ID を削除する（個人情報保護委員会ガイドライン（匿名加工情報編）12 頁）。

別紙②　第三者提供記録の作成・保管が不要となる例外

(1)　個人情報保護法 23 条 1 項各号に定める場合

以下のいずれかに該当する第三者への個人データの提供については、記録の作成・保管義務は課されない。

(a)　法令に基づく場合

(b)　人の生命、身体または財産の保護のために必要がある場合であって、本人の同意を得ることが困難であるとき

(c)　公衆衛生の向上または児童の健全な育成の推進のために特に必要がある場合であって、本人の同意を得ることが困難であるとき

(d)　国の機関もしくは地方公共団体またはその委託を受けた者が法令の定める事務を遂行することに対して協力する必要がある場合であって、本人の同意を得ることにより当該事務の遂行に支障を及ぼすおそれがあるとき

(2)　個人情報保護法 23 条 5 項各号に定める場合

以下のいずれかに該当する第三者への個人データの提供については、記録の

作成・保管義務は課されない。

(a)　個人情報取り扱い事業者が利用目的の達成に必要な範囲内において個人データの取り扱いの全部または一部を委託する場合

(b)　合併その他の事由による事業の承継に伴って個人データが提供される場合

(c)　個人データを特定の者との間で共同して利用する場合であって、その旨並びに共同して利用される個人データの項目、共同して利用する者の範囲、利用する者の利用目的および当該個人データの管理について責任を有する者の氏名または名称について、あらかじめ、本人に通知し、または本人が容易に知りうる状態に置いているとき

(3)　その他ガイドラインにおいて不要と明記されている場合

　上記の他、ガイドライン（提供記録編）において、本人による提供の場合、本人に代わって提供する場合など、第三者提供記録の作成・保管が不要と解される場合についての説明がある。詳細については個人情報保護委員会ガイドライン（提供記録編）を参照して判断する。

別紙③　匿名加工情報に関する義務

(1)　自ら作成した匿名加工情報に関する義務（個人情報保護法 36 条）

(a)　作成にあたっては適正な加工を行わなければならない（1 項）

(b)　加工方法等の情報の安全管理措置を講じなければならない（2 項）

(i)　加工方法等情報を取り扱うものの権限および責任の明確化（規則 20 条 1 号）

(ii)　加工情報の取り扱いに関する規程類の整備および当該規程類に従った

加工方法等情報の適切な取り扱い並びに加工方法等情報の取り扱い状況の評価およびその結果に基づき改善を図るために必要な措置の実施（規則20条2号）

(iii)　加工方法等情報を取り扱う正当な権限を有しないものによる加工方法等情報の取り扱いを防止するために必要かつ適切な措置（規則20条3号）

(c)　当該情報に含まれる情報の項目を公表しなければならない（3項）

(d)　作成した匿名加工情報を自ら利用する時は、元の個人情報に係る本人を識別する目的で他の情報と照合することを行ってはならない（5項）

(e)　匿名加工情報の適正な取り扱いを確保するため、安全管理措置、苦情の処理などの措置を自主的に講じて、その内容を公表するよう努めなければならない（6項）

(2)　自ら作成したものではない匿名加工情報についての義務

(a)　元の個人情報に係る本人を識別する目的で、加工方法等の情報を取得し、または他の情報と照合することを行ってはならない（個人情報保護法38条）

(b)　匿名加工情報の適正な取り扱いを確保するため、安全管理措置、苦情の処理などの措置を自主的に講じて、その内容を公表するよう努めなければならない（個人情報保護法39条）

(3)　匿名加工情報の第三者提供

提供する情報の項目および提供方法について公表するとともに、提供先に当該情報が匿名加工情報である旨を明示しなければならない（自ら作成した匿名加工情報については個人情報保護法36条4項、それ以外については同37条）。

別紙④　特定個人情報（マイナンバー）に関する文書管理の要請

　特定個人情報（マイナンバー）は、2013年に施行され、既に事業者はこれに対応するための整備を行っているはずである。また、特定個人情報はその性質上、会社にとっては特定の場面にのみ特定の目的で使用するだけ、という性格が強かったため、全社統一的な管理というほどの要求ではなかったと言える。実際に、特定個人情報の管理は人事部または経理部だけで行っているという事業者は多いであろう。

　しかし、マイナンバーが使用される場面は今後増えると予想される。例えば銀行口座に関しては、関連法の改正により、金融機関に対して預貯金情報を特定個人情報により検索可能な状態で管理する義務を課すことが決まっており（2018年1月から開始）、金融機関は特定個人情報の収集および管理を行う必要がでてきている。

　政府としても、マイナンバーの利用の場面を広めたいという思惑を持っている（政府のIT総合戦略本部マイナンバー等分科会の中間とりまとめなど）。特定個人情報は、たんに人事部・経理部が把握していればよい、というものから、全社的な取り扱いの必要性がある部署は広がる可能性がある。特定個人情報の管理についても、統一的な取り扱いの中に組み込んでおくべきであろう。

　行政手続きにおける特定の個人を識別するための番号の利用等に関する法律では、「個人番号関係事務実施者又は個人番号利用事務実施者である事業者は、個人番号及び特定個人情報（以下「特定個人情報等」という。）の情報漏えい、滅失又は毀損（以下「情報漏えい等」という。）の防止等、特定個人情報等の管理のために、必要かつ適切な安全管理措置を講じなければならない」と定めている。

　具体的な安全管理措置に関しては、「特定個人情報の適正な取扱いに関するガイドライン（事業者編）」に記載されている。そこで要求されている取り扱いは、以下にまとめるとおり基本的には個人情報保護と同じだと言えるが、特定個人情

報の取り扱いに関する事務責任者と事務取り扱い担当者を定めなければならない
など、個人情報の場合に比してより詳細な安全管理措置の策定が要求されている。
また、中小規模事業者（従業員の数が100人以下の事業者）に関しては、実情に
鑑み、より簡易な内容の安全管理措置を取ることが許容されている。

(1)　基本方針の策定

　特定個人情報に関しても、まず行わなければならないのは、特定個人情報等
の適正な取り扱いの確保について、基本方針を策定することである。

　基本方針に定める項目としては、①事業者の名称、②関係法令・ガイドライ
ン等の遵守、③安全管理措置に関する事項、④質問および苦情処理の窓口等、
とされている。

　ただし、実際上は、個人情報に関して述べたように、漏えい等の場合の対応
に関する措置など、その他の必要な事項についての方針も含めておくべきであ
る。

(2)　取り扱い規程等の策定

　特定個人情報に関しては、法律によって、収集できる場面と利用の目的が規
定されており、その取り扱いに関しても、より厳格な手続きが要求されている。
したがって、特定個人情報等の具体的な取り扱いを定める取り扱い規程等を、
より具体的に策定しなければならない。

　したがって、特定個人情報に関しては、以下の管理段階ごとに、取り扱い方
法、責任者・事務取り扱い担当者およびその任務等について定めることが必要
となってくる。

①　取得段階
②　利用段階

③　保存段階

④　提供段階

⑤　削除・廃棄段階

　なお、中小規模事業者においては、以下のような対応でも足りるとされている。①特定個人情報等の取り扱い等を明確化する。②事務取り扱い担当者が変更となった場合には、確実な引き継ぎを行い、責任ある立場の者が確認する。

(3)　組織的安全管理措置

　事業者は、特定個人情報等の適正な取り扱いのために、次に掲げる組織的安全管理措置を講じなければならないとされている。

(a)　組織体制の整備——安全管理措置を講ずるための組織体制を整備する

　具体的には、以下のような組織体制に関する規定を作成すべきである。

- 事務責任者の設置および責任の明確化
- 事務取り扱い担当者の明確化およびその役割の明確化
- 事務取り扱い担当者が取り扱う特定個人情報等の範囲の明確化
- 事務取り扱い担当者が取り扱い規程等に違反している事実または兆候を把握した場合の責任者への報告連絡体制
- 情報漏えい等事案の発生または兆候を把握した場合の従業者から責任者等への報告連絡体制
- 特定個人情報等を複数の部署で取り扱う場合の各部署の任務分担および責任の明確化

　なお、中小規模事業者においては、事務取り扱い担当者が複数いる場合に責任者と事務取り扱い担当者を区分するという程度で足りるとされている。

(b)　取り扱い規程等に基づく運用

　　取り扱い規程等に基づく運用を行うとともに、その状況を確認するために、システムログまたは利用実績を記録する。例えば、特定個人情報の取り扱いに関する台帳を作成し、以下の事項を記録しなければならない。なお、個人番号をその内容に含む個人情報ファイルを「特定個人情報ファイル」と呼ぶ。

- ●特定個人情報ファイルの利用・出力状況の記録
- ●書類・媒体等の持ち運びの記録
- ●特定個人情報ファイルの削除・廃棄記録
- ●削除・廃棄を委託した場合、これを証明する記録等
- ●特定個人情報ファイルを情報システムで取り扱う場合、事務取り扱い担当者の情報システムの利用状況（ログイン実績、アクセスログ等）の記録

　　これを実現するためには、特定個人情報の取り扱いに関し随時監視が可能であり、ログなどで取り扱い状況を追うことができる IT システムを備えることが望ましいと言える。

　　なお、中小規模事業者においても、特定個人情報等の取り扱い状況のわかる記録を保存するべきであるとされている。

(c)　取り扱い状況を確認する手段の整備

　　特定個人情報ファイルの取り扱い状況を確認するための手段も整備しなければならないとされている。この記録は、あくまで取り扱いの情報を記録するためのものであるので、特定個人情報等自体はこれに記載しない。

　　記録の内容としては、以下のようなものがあげられる。

- ●特定個人情報ファイルの種類、名称
- ●責任者、取り扱い部署・利用目的・削除・廃棄状況
- ●アクセス権を有する者

　　上記の特定情報取り扱いに関する IT システムが、取り扱い状況を別途の台帳として出力することができれば実務上も簡易であると考えられる。

　なお、中小規模事業者においても、特定個人情報等の取り扱い状況のわかる記録を保存するべきものとされている。

(d)　情報漏えい等事案に対応する体制の整備

　情報漏えい等の事案の発生または兆候を把握した場合には、適切かつ迅速に対応するための体制を整備するべきであるとされる。

　実務的には、本人への連絡と個人情報保護委員会への報告の体制の決定に関するプロセスの整備が重要となると考えられる。

　なお、ガイドラインでは、情報漏えい等の事案が発生した場合には、二次被害の防止、類似事案の発生防止等の観点から、事案に応じて事実関係および再発防止策等を早急に公表することが重要であるとされている。しかし、特定個人情報に関しては、他社から特定個人情報の取り扱いを委託された場合を除き、自社の従業員に関する情報であることが多いと考えられるため、実際の対応に関しては、事案の性質・規模なども勘案して、現実的な対応を取ることが必要となるのである。

　具体的な体制としては、以下のような点について定めておくべきである。

- 事実関係の調査および原因の究明
- 影響を受ける可能性のある本人への連絡
- 委員会または事業所管大臣等への報告
- 再発防止策の検討および決定
- 事実関係および再発防止策等の公表

　なお、中小規模事業者においては、情報漏えい等の事案の発生等に備えて従業者から責任ある立場の者に対する報告連絡体制等をあらかじめ確認しておくことが求められる。

(e)　取り扱い状況の把握および安全管理措置の見直し

　ガイドラインでは、特定個人情報等の取り扱い状況を把握し、安全管理措

置の評価、見直しおよび改善に取り組むことが望ましいとされている。具体的には、定期的に自ら行う点検、または他部署等による監査を実施すること、外部の主体による他の監査活動と合わせた監査の実施などが考えられるとしている。

　中小規模事業者においても、責任ある立場の者が、特定個人情報等の取り扱い状況について、定期的に点検を行うとされている。

(4)　人的安全管理措置

　組織的な安全管理措置に加え、各個人による特定個人情報等の適正な取り扱いのために、以下のような措置が求められている。

● 事務取り扱い担当者の監督
● 事務取り扱い担当者の教育

　個人情報に関しても述べたとおり、従業者に対する定期的なトレーニングや研修を行うことが重要である。また、秘密保持に関する規定を就業規則等に盛り込む、あるいは個別の誓約書の提出を求めるなども、この人的安全管理措置の一環と言える。

(5)　物理的安全管理措置

　特定個人情報等に関しては、その機密性から、物理的安全管理措置に関して、特に詳細な物理的安全管理措置が求められている。具体的には、以下のようなものである。

(a)　特定個人情報等を取り扱う区域の管理

　　特定個人情報等の情報漏えい等を防止するために、特定個人情報ファイルを取り扱う情報システムを管理する区域（以下「管理区域」）および特定個

人情報等を取り扱う事務を実施する区域（以下「取り扱い区域」）を明確にし、物理的な安全管理措置を講ずる。

　実際には、入退室管理および管理区域へ持ち込む機器等の制限等として、IC カード、ナンバーキー等による入退室管理システムを設置することや、壁または間仕切り等の設置および座席配置の工夫により情報の覗き見を防止することが必要とされている。

(b)　機器および電子媒体等の盗難等の防止

　特定個人情報等を取り扱う機器、電子媒体および書類等の盗難または紛失等を防止するために、物理的な安全管理措置を講ずるものとされ、施錠できるキャビネット・書庫等での保管や、特定個人情報を取り扱う機器をセキュリティ・ワイヤー等により固定すること等が求められている。

(c)　電子媒体等の取り扱いにおける漏えい等の防止

　特定個人情報等が記録された電子媒体または書類等を持ち運ぶこと（社内であっても、特定個人情報等を管理区域または取り扱い区域から外へ移動させることも含まれる）が必要である場合には、容易に個人番号が判明しないよう、安全な方策を講ずることが求められる。

　その方法としては、持ち運ぶデータの暗号化、パスワードによる保護、施錠できる搬送容器の使用、追跡可能な移送手段の利用等が考えられるとされる。

　なお、中小規模事業者においては、パスワードの設定、封筒に封入し鞄に入れて搬送する等、紛失・盗難等を防ぐための安全な方策を講ずることとされている。

(d)　個人番号の削除、機器および電子媒体等の廃棄

　一般の個人情報に関しては、個人情報の廃棄時期に関する具体的な定めは

ない。他方で、特定個人情報等に関しては、個人番号関係事務または個人番号利用事務を行う必要がなくなった場合で、所管法令等において定められている保存期間等を経過した場合には、個人番号をできるだけ速やかに復元不可能な手段で削除または廃棄するとされている。

　この際、個人番号もしくは特定個人情報ファイルを削除した場合、または電子媒体等を廃棄した場合には、削除または廃棄した記録を保存する。また、これらの作業を委託する場合には、委託先が確実に削除または廃棄したことについて、証明書等により確認することが求められている。

　特に、特定個人情報等が記録された機器・電子媒体等の廃棄にあたっては、専用のデータ削除ソフトウェアの利用や物理的な破壊等により、復元不可能な手段を採用することが求められる。

　このように、特定個人情報等を取り扱う情報システムにおいては、保存期間経過後における個人番号の削除の管理までができる機能を有することが望ましいと言える。

　なお、中小規模事業者においては、特定個人情報等を削除・廃棄したことを、責任ある立場の者が確認するものとされている。

(6)　技術的安全管理措置

　事業者は、特定個人情報等の適正な取り扱いのための技術的安全管理措置を講じなければならないとされている。ここで要求されているのは以下のようなものである。

(a)　アクセス制御

　情報システムを使用する場合には、特定個人情報ファイルを取り扱う情報システムをアクセス制御により限定することや、ユーザー ID に付与するアクセス権によりシステムを使用できる者を事務取り扱い担当者に限定するこ

とが求められる。

　中小規模事業者においても、特定個人情報等を取り扱う機器およびそれを使用する者を特定し、PC などに装備されているユーザー・アカウント制御機能を使用することが望ましいとされている。

(b)　アクセス者の識別と認証

　特定個人情報等を取り扱う情報システムにおいて、事務取り扱い担当者が正当なアクセス権を有する者であることを識別するため、ユーザー ID、パスワード、磁気・IC カード等による認証を行うべきとされている。

　中小規模事業者においても、PC などに装備されているユーザー・アカウント制御機能を使用することが望ましいとされている。

(c)　外部からの不正アクセス等の防止

　情報システムを外部からの不正アクセスまたは不正ソフトウェアから保護する仕組みを導入し、適切に運用することが求められる。具体的には、ファイア・ウォール等の設置、セキュリティ対策ソフトウェア等の導入と不正なソフトウェア（コンピュータウィルスなど）の有無の確認、自動更新機能等によりソフトウェア等を最新状態とすること、などが考えられるとされている。また、システムログの分析を定期的に行い、不正アクセス等を検知することも重要である。

(d)　情報漏えい等の防止

　特定個人情報等をインターネット等により外部に送信する場合においては、通信経路における情報漏えい等の防止策として、通信経路の暗号化や、保存されているデータの暗号化またはパスワードによる保護等が考えられるとされている。

第3章

営業秘密を管理するための
情報マネジメント

　本章では、関連する法制度のうち営業秘密について説明する。また、必要とされる情報管理の要件をあげる。

　ここで営業秘密とは、法律上は、「秘密として管理されている生産方法、販売方法その他の事業活動に有用な技術上又は営業上の情報であって、公然と知られていないもの」(不正競争防止法第2条6項)、と定められている。法律の定義としては堅苦しいが、実際の会社内でも、「技術ノウハウ」「セールスノウハウ」「顧客リスト」「取引先リスト」など、「営業秘密」に該当するものは多数存在している[1]。

　そして、不正競争防止法において、情報が「営業秘密」として保護されるためには、以下の3要件を満たすことが必要であるとされている。

---

[1]　不正競争防止法では、営業秘密に関しての改正が、2016年1月1日から施行されている。この改正においては、海外への営業秘密の漏えいや日本企業の営業秘密が海外で漏洩した場合について、①海外重課規定を設け、国外への営業秘密の移転を企図した漏えい事件への抑止力を高め、②(日本企業の)営業秘密の海外における取得行為を処罰対象として追加している。未遂犯の処罰規定も設けられているため、例えば失敗に終わった日本企業の営業秘密を狙ったサイバー・アタックも処罰対象となり、かつこれはサーバの所在地には関わらない。また、③営業秘密侵害品の譲渡・輸出入等の禁止と差し止め等の追加について新たな規定を設けており、いわゆる水際での対策を特許権侵害、著作権侵害等他の知的財産権侵害と同様になしうることを目指している。日本国内に関する情報管理に加えて、押さえておきたいポイントである。

① 秘密として管理されていること［秘密管理性］
② 生産方法、販売方法その他の事業活動に有用な技術上又は営業上の情報であること［有用性］
③ 公然と知られていないものであること［非公知性］

このうち、「有用性」と「非公知性」については、本書で扱う「情報マネジメント」とは少し異なる性格の話であるので割愛したい。ただし、裁判例を見ると、秘密管理性が肯定されたのに有用性が否定された、という例はないので、秘密として管理されていることは有用性の認定にもプラスに働くと言える。

1 秘密管理性の本質

　営業秘密を秘密として社内で適切に管理することは、その情報が営業秘密として保護を受けるために必要なことである。しかし、ここでの「秘密管理性」とは、誰の目にも触れないように鍵をかけてしまっておくことではない。
　秘密管理性の本質は、企業が秘密として管理しようとする対象（情報の範囲）が従業員等に対して明確化されることによって、従業員等の予見可能性、ひいては、経済活動の安定性を確保することにある。すなわち、従業員に対して、どの情報が秘密であるのかを明確に示すことが必要なのである。従業員が、秘密情報であることを認識することにより、「これは外部に開示してはいけない情報である」という意識を持つことで、それをあえて開示または取得する行為を「不意性競争」として違法と取り扱うことができるのである。秘密として扱っておきたい書類に「マル秘」のマークを付しておくのは、それを取り扱う従業員用に当該資料が秘密情報であると認識させるためであり、それにより秘密管理性が保たれるのである。
　裁判例においては、情報にアクセスできる者を特定すること、および、情報に

アクセスした者がそれが秘密であると認識できること、の2つが要件となると述べられているものが多くある。

　また、裁判例において秘密管理性がどういう状況で認められやすいのか（肯定的要素）、あるいは認められにくくなるのか（否定的要素）についてまとめたものとして、経済産業省の平成26年度産業経済研究委託事業（営業秘密保護制度に関する調査研究）[2]がある。この調査においては、平成22年（2010年）以降の日本国内の民事判例の中で営業秘密の秘密管理性について判断した裁判例28件について、その秘密管理性の判断に影響を与えた要素が分析されている。そこでまとめられた裁判例の傾向は、実際の会社内の情報の管理の方向性の決定にも役立つものである。従業員による営業秘密の不正使用が問題になった裁判例において認定された要素について、以下で紹介したい。

2 裁判例における、秘密管理性の肯定的要素と否定的要素

(1) 「技術情報」の秘密管理性を肯定した裁判例

　「技術情報の」秘密管理性を肯定した裁判例では、以下のような点が認定されている。

(a)　アクセス管理性
　　上記の報告書によると、従業員による不正使用が問題となった裁判例において、秘密管理性の肯定的要素として最初に判示されているのが、秘密情報にアクセスできる者の範囲である。

2　http://www.meti.go.jp/policy/economy/chizai/chiteki/pdf/26chousa-hontai.pdf

　これらの裁判例の中においては、例えば、以下のような点が秘密管理性の肯定的要素として認定されている。

- 従業員以外はアクセスできず、従業員であっても特定の関係者以外はアクセスできない
- 開発担当者と顧客はアクセスできた

　したがって、「従業員であっても開発担当者以外はアクセスできない」という事情があれば、秘密管理性の肯定的要素として重視されると言える。

(b)　アクセス制限・秘密表示

　裁判例 3 件において、秘密管理性の肯定的要素として示されているのが、「アクセスした従業員においてそれが秘密情報であることが認識し得るような状況で管理されていたこと」である。

　例えば、秘密情報が物そのものである事案では、以下の事情が肯定的要素として示されている。

- 施錠可能な収納庫に保管されていた
- 収納庫のある部屋には、専用の手続きを経た関係者のみが入室できた
- 部屋のある建物は夜間は施錠されていた
- 建物のある敷地は、塀で囲まれ、出入口は施錠され、監視カメラにより守衛室が常時監視していた
- 持出は禁止または制限されていた

　また、秘密情報が媒体に記録されている事案でも、以下の事情が肯定的要素として示されている。

- 記録媒体の表面には、「持出禁止」と表示されていた
- 記録媒体が収納庫に保管されていた
- 収納庫のある建物の扉には、「関係者以外立入禁止」と表示されていた
- 建物のある構内に入るには、守衛が駐在する詰所で手続きが必要であった

　　なお、裁判例での事実認定を見ると、実際には、パスワードや施錠のように秘密情報へのアクセスそのものを困難にする措置がなくても、前提として秘密情報にアクセスできる者が限定されており、保管されている場所や方法、その他の表示から、従業員がその情報が秘密情報であることを認識できる措置があれば足りるとみることができる、と報告書は分析している。

(c)　秘密保持義務

　　報告書によれば、従業員による不正使用が問題となった裁判例であって、秘密管理性を否定したものは、一貫して秘密保持義務の不存在が明示的に認定されており、秘密保持義務の存在は秘密管理性の認定において重要な要素であることに疑いはないとされている。

(2)　「営業情報」の秘密管理性を肯定した裁判例

「営業情報」の秘密管理性を肯定した裁判例では、以下のような点が認定されている。

(a)　アクセスできる者の範囲

　　営業情報に関する裁判例においても、秘密管理性の肯定的要素として最初に判示されているのは、秘密情報にアクセスできる者の範囲が限定されていたか否か、である。

　　例えば、「営業本部所属の社員と所定の申請の手続きを経た営業部所属の社員」「役員・管理部従業員4名」「マネージャー業務を担当する従業員9名」といった部署・担当業務による場合もあれば、「アクセス権限を付与された者」というアクセス権限の有無による場合もある。

　　●秘密情報にアクセスできる者の範囲が限定されている

(b)　アクセス制限・秘密表示

　営業情報についてのアクセス制限・秘密表示としては、データベースとして管理されている場合と、書類として管理されている場合があるので、分けて検討されている。

　営業情報をデータベースとして管理している場合の管理方法としては、①データベース自体を特定の部屋に保管している例や、②独自のアプリケーションを開発して管理している例もあるが、最も多いのは、③社内共有サーバー上で管理している例である。

　①　データベース自体を特定の部屋に管理している例は、ある程度の企業規模があり、そもそも秘密情報にアクセスできる者が特定の部署に限定されている場合に見られる。中小企業であっても以下の事情については、肯定的要素として認定されている例がある。

- データベース自体を特定の部屋に管理している
- 管理部の専用パソコン 1 台に集約して管理している
- 出入口は、錠と警備装置により施錠している
- 業務時間内も管理部以外の従業員は入室禁止である

　②　独自のアプリケーションを開発して管理している例では、「専用のアプリケーションソフトを開発」のほかに、以下の事情については、肯定的要素として認定されている。

- 従業員がアプリケーションを利用するには、ユーザー名およびパスワードの入力が必要である
- 退職時には、アンインストールを依頼する義務がある
- 実際のアンインストールは、従業員ではなく作業担当者が行う

　③　社内共有サーバー上で管理している例は、秘密管理性が問題となった裁判例に最も多く見られるが、秘密管理性が肯定された裁判例では、以下のような点が肯定的要素として認定されている。

- 外部のアクセスから保護された社内共有サーバー内のデータベースとして管理している
- 入力は原則として、システム管理を担当する従業員1名に限定している
- オート・ログアウト機能のあるログイン操作が必要である
- 印刷した場合には、その利用が終わり次第、シュレッダーにより裁断している
- アクセス権限は、多くの決裁者による慎重な承認を経て付与している
- データ持出は禁止、外部記憶媒体の接続部部分を密栓し、物理的に不可能にした
- 特定のスタッフ以外が使用するパソコンはデータのコピー、印刷ができない設定

　また、営業情報をデータベースとして管理している場合に共通する肯定的要素としては、以下があげられる。

- ユーザー名およびパスワードが必要である
- 初期設定からパスワードを変更していた
- 起動パスワードは、勤続年数の長いスタッフしか知らない
- データ持ち出しは禁止、外部記憶媒体の接続部部分を密栓し、物理的に不可能にしていた
- 特定のスタッフ以外が使用するパソコンはデータのコピー、印刷ができない設定としていた

　また、上場企業の例であるが、問題となった営業情報について施錠等の具体的なアクセス制限が行われていたことに加えて、認証の取得が肯定的要素

として認定されている例がある。

- 各種の情報セキュリティを実施して ISMS 認証や ISO/IEC27001 認証を取得し、毎年審査に合格している

(c)　秘密保持義務

　いずれの裁判例でも、秘密管理性の肯定的要素として、従業員に秘密保持義務を課していたことが認定されている。ただし、「就業規則上、秘密保持義務を規定していたこと」は必須であり、さらなる肯定的要素として、以下のようなものが認定されている。

- 従業員に誓約書を提出させていた
- 退職時に、秘密保持に関する誓約書を提出させていた
- 従業員が専用アプリケーションを私物パソコンにインストールするには、使用許諾依頼書に署名する義務がある
- 目的外使用を禁止し、損害賠償義務を課していた
- 就業規則に、秘密保持義務違反についての懲戒解雇の規定があった
- 契約において、顧客情報を外部に流出させた場合には、損害賠償金や違約金を支払うとの規定があった

　また、従業員に対する研修という点では、以下のような事実が肯定的要素として認定されている。

- 従業員に ISO27001 ハンドブックを配布し、研修・試験を実施していた
- 社内研修を実施していた
- 業務通達や社内研修で周知に努めていた

(3)　秘密管理性を否定した裁判例

一方、秘密管理性を否定した判例においては、以下のような点が認定されて

いる。

(a)　アクセスできる者の範囲

　　秘密管理性を否定した裁判例はいずれも、情報にアクセスできる者の範囲について限定がないといった状態であったと認定されている。

- 全従業員がアクセスできる
- パソコンを使用することのできる従業員であればアクセスできる
- 部署、雇用形態の別なく、従業員は誰でもアクセス可能

(b)　アクセス制限・秘密表示

　　従業員による不正使用が問題となった裁判の中で、秘密管理性を否定した裁判例では、以下のような事情が認定されている。

- 営業情報がデータベースとして管理されている場合に、具体的なアクセス制限の方法が認定されておらず、パスワードがない
- 本来は特定の部門に所属する営業社員だけが閲覧・印刷を許されていたが、実際にはパスワードの設定等の物理的な障害がなかったり、他のパソコンと LAN で接続されていたことから、実際には従業員であれば誰でも閲覧したり印刷したりできた
- 閲覧・印刷に代表者の事前の承認や許可を得る、という秘密管理規程で定めた手続きが遵守されていなかった
- コピーを社外に持ち出すことがあり、その後の廃棄処理も定まった取り扱いがなされていない
- 途中から「無断複製、持出厳禁」との記載がされたが、その前のものに押捺するなどの処理はされていない
- 名刺ホルダー・ノートを業務のために持ち出して使用することができた

　　上記に共通するのは、「少なくとも、情報に接した者が秘密として管理さ

れていることを認識し得る程度に秘密として管理されていたとは言えない」
ということである。

　また、「業務上履践することが難しい社内ルールを定めること」自体がリ
スクとなる、ということも裁判例で示していると言える。

(c)　秘密保持義務

　有効な秘密保持義務を課していないことは、秘密保持性に関する否定的要
素として認定されている。例えば、以下のようなことがあげられている。

- ●従業員は途中で誓約書を提出したが、それ以前は秘密保持義務を負って
  いなかった
- ●転籍者には、秘密保持義務を負わせる手当てはなされていなかった
- ●就業規則を改定した秘密保持規程も法的拘束力を有しない
- ●顧客情報を特定して守秘義務を課す就業規則その他の社内規程がない
- ●誓約書の提出を求められていない
- ●途中から「無断複製、持出厳禁」との記載がなされたが、その以前のも
  のに押捺するなどの処理はされていない
- ●名刺ホルダー・ノートを業務のために持ち出して使用することができた

　まとめると、従業員による不正使用が問題となった事案において、秘密管
理性の肯定的要素として重視されるのは、従業員であっても特定の関係者以
外はアクセスできないこと、そして、業務に応じたアクセス制限・秘密表示
その他のルールを設定し、それを履践していることであると言える。他方で、
否定的要素として重視されるのは、アクセスできる者の範囲が限定されてい
ないことである。いずれの要素としても重視するのは、従業員に対して明示
的に秘密保持義務を課しているか否かである。

 営業秘密管理指針

　上記を念頭に置いて、具体的な営業秘密の管理措置を検討すべきであるが、営業秘密の管理に関する具体的な指針としては「営業秘密管理指針」[3] がある。この営業秘密管理指針は 2015 年 1 月 28 日付で改訂され（以下「改訂指針」）、秘密管理要件についての記載が見直されたところである。

　改訂指針では、まず営業秘密を成立させる 3 要件（秘密管理性、有用性、非公知性）のうち、秘密管理要件に関する記載につき重要な見直しを行っている。改訂指針では、必要な秘密管理措置として、①営業秘密保有企業の秘密管理意思が秘密管理措置によって従業員等に対して明確に示され、②企業における営業秘密の管理単位における従業員がそれを一般的に、かつ容易に認識できる程度のものであることを求めている。また、具体的に必要な秘密管理措置の内容・程度は、企業の規模、業態、従業員の職務、情報の性質その他の事情によって異なるものであるとし、媒体の種別、その有無によっても管理方法が異なるとした。さらに、複数の法人間で同一の情報を保有している場合には、秘密管理要件は、法人（具体的には管理単位）ごとに確保すればよく、原則として別法人内部での情報の具体的な管理状況は、自社における秘密管理性には影響を及ぼさないとした。

　改訂前の営業秘密管理指針は、裁判上の秘密管理要件も意識しつつ、企業における、いわゆるベスト・プラクティスについても記載されており、この 2 つが明確に区別されていなかった。結果として、改訂前営業秘密管理指針における記載に沿っていない管理について、秘密管理要件を充たさないのではないか、したがって保護されるべき営業秘密ではないのではないか、との主張が侵害者側からなされることが、裁判実務上多く見られた。そして、ベスト・プラクティスについて

3　http://www.meti.go.jp/policy/economy/chizai/chiteki/pdf/20150128hontai.pdf

まで充たすことは、特に中小企業においては至難の業であるとの批判もあった。

　かかる批判も受け、改訂指針においては、不正競争防止法によって差し止め等の法的保護を受けるために必要となる最低限の水準の対策を示す一方で、漏えい防止ないし漏えい時に推奨される（高度なものを含めた）包括的対策は、別途策定する「秘密情報の保護ハンドブック」によって対応することとし、2本立てにすることで裁判上の基準とベスト・プラクティスの混同を防いでいる。

　もちろん、裁判所における判断が官庁の指針に拘束されることはない。しかしながら、改訂指針は秘密管理要件についての重要なメッセージの発信であり、今後裁判所において、秘密管理要件がどのように判断されるのか、注目に値するところである。

　いずれにしても、営業秘密は、単に秘密に管理するだけではなく、日頃の営業活動または開発活動にも情報を利用できなければならない。営業秘密で重要なのは、適切な保管をしつつ、内部での使用も適切にできるようにしながら、セキュリティも十分に保っておくこと、である。

(1)　営業秘密管理指針の内容

　前述のとおり、営業秘密管理指針の内容は、最低限の基準を示したものであり、以下のようにまとめられる。

①　紙媒体の場合

　紙媒体の場合は、ファイルの利用等により一般情報からの合理的な区分を行ったうえで、当該文書に「マル秘」など秘密であることを表示することにより、秘密管理意思に対する従業員の認識可能性を確保する。

　個別の文書やファイルに秘密表示をする代わりに、施錠可能なキャビネットや金庫等に保管する方法も考えられる。

　紙媒体のコピーやスキャン・撮影の禁止、コピー部数の管理（余部のシュ

レッダーによる廃棄)、配布コピーの回収、キャビネットの施錠、自宅持ち帰りの禁止といった追加的な措置もあるが、秘密管理性を充足するための必須のものではない。

② 電子媒体の場合

記録媒体へのマル秘表示の貼付、電子ファイル名・フォルダ名へのマル秘の付記、電子ファイルを開いた場合に端末画面上にマル秘である旨が表示されるようにする、電子ファイルそのもの、または当該電子ファイルを含むフォルダの閲覧に要するパスワードを設定する、という対策が考えられる。

記録媒体そのものに表示を付すことができない場合には、記録媒体を保管するケース(CD ケース等)や箱(部品等の収納ダンボール箱)に、マル秘表示の貼付をする。

追加的には、人事異動・退職ごとのパスワード変更、メーラーの設定変更による私用メールへの転送制限、物理的に USB やスマートフォンを接続できないようにすること等があるが、秘密管理性を充足するための必須のものではない。

③ 物件に営業秘密が化体している場合

製造機械や金型、高機能微生物、新製品の試作品など、物理的にマル秘表示の貼付や金庫等への保管に適さないものについては、例えば、扉に「関係者以外立入禁止」の張り紙を貼る、警備員を置いたり、入館 ID カードが必要なゲートを設置したりして工場内への部外者の立ち入りを制限する、写真撮影禁止の張り紙をする、営業秘密に該当する物件を営業秘密リストとして列挙し、当該リストを営業秘密物件に接触しうる従業員内で閲覧・共有化する、という方法がある。

④　媒体が利用されない場合

　技能・設計に関するものなどの従業員が体得した無形のノウハウや従業員が職務として記憶した顧客情報等については、営業秘密のカテゴリーをリストにする、営業秘密を具体的に文書等に記載する、といった方法が考えられる。

　これらの規定からわかるとおり、営業秘密管理指針では、きわめて基礎的な点しか対応措置としてあげておらず、営業秘密を実際に保護するためにはより高度な保護措置を講じるべきである。

4　営業秘密管理のステップ

　さらに詳細な、営業秘密の管理に関する措置としては「秘密情報の保護ハンドブック」[4] に定められている事項を参考にすべきである。そこで述べられている対応策は、以下のようなステップに基づくものである。

(1)　ステップ 1：企業が保有する情報の評価

　個人情報のところでも述べたが、有効な情報管理のためには、まず、どのような情報が社内のどこに存在し、どう利用されているかの把握、および、リスクの評価（リスク・アセスメント）が必要である。そのためには、以下のようなステップが有効であるとされている。

4　http://www.meti.go.jp/policy/economy/chizai/chiteki/pdf/handbook/full.pdf

(a)　企業が保有する情報の全体像の把握

　　第1のステップは、自社の保有する情報を把握して、経済的価値や漏えい時の損失の程度といった指標に基づいて、各情報を評価することである。そのためには、

　　①　経営者等の責任者が、社内の各部署や担当者に対して直接ヒアリング等を実施することにより把握する

　　②　秘密情報の管理を統括する部署が、統一的な基準を示しつつサポートをしながら、各部署や個別の担当者に、その基準に則してそれぞれが有する情報を経営者等の責任者に報告させ、情報を集約することにより把握する

　などの方法が提示されている。

(b)　保有する情報の評価

　　次に、把握した情報について、情報の経済的価値、他社に利用されたり漏えいしてしまったりした場合の損失の大きさなどの観点から評価を行い、その評価結果に応じて情報の価値を決定し、それに応じた保護措置を取ることが必要となる。

(2)　ステップ2：秘密情報の決定

　上記の情報の評価の高低を基準に、会社内で「営業秘密」として保護・管理すべきものかの判断を行う。単に保護するだけではなく、会社の事業に役立てる営業秘密として、情報の効果的な活用の方法を検討することも必要である。

　①　営業情報とは、自社独自の情報であり、それが漏えいした場合には、自社の競争力が低下する情報か否か、という観点などから決定する。

　②　技術情報とは、製品分析により容易に技術が判明するものか、他社がすぐに追いつくことができる技術か、といった観点などから決定する。

(3)　ステップ３：秘密情報の分類と、情報漏えい対策の選択　　　　　　　およびそのルール化

　このステップでは、まず、営業秘密としての価値に加えて、どのレベルの保護措置を講じるべきかの分類を行うことになる。ここでは、「営業秘密としたい」という要請と「利用しなければならない」という２つの要請のバランスを取ることが必要となる。

　続いて、その分類に応じて、漏えい対策の選択を行うことになる。その際には、以下の(a)〜(e)の５つの「対策の目的」の観点に基づいて対策を決定することが望ましい。

(a)　接近の制御

　秘密情報を閲覧・利用等することができる者（アクセス権者）の範囲を適切に設定したうえで、施錠管理・入退室制限等といった区域制限（ゾーニング）等により自らが権限を有しない秘密情報には、現実にアクセスできないようにする。これにより、アクセス権限を有しない者を対象情報に近づけないようにする。

　これにあたっては、アクセス権を有する者が、本当にその情報について知るべき者かという観点から適切に限定されるべきであり、まずは社内の規程等により、アクセス権設定に係るルールを策定することが必要となる。

　具体的には、従業員との関係では、以下のような措置があげられる。

- ●ルールに基づく適切なアクセス権の付与・管理
- ●情報システムにおけるアクセス権者の ID 登録
- ●分離保管による秘密情報へのアクセスの制限
- ●ペーパーレス化
- ●秘密情報の復元が困難な廃棄・消去方法の選択

(b) 持ち出しの困難化

　秘密情報が記載された会議資料等の回収、事業者が保有するノートPCの固定、記録媒体の複製制限、従業員の私物USBメモリ等の携帯メモリの持ち込み・利用を制限する。これにより、秘密情報を無断で複製したり持ち出したりすることを物理的、技術的に阻止する。

　具体的には、従業員との関係では、以下のような措置があげられる。

● 秘密情報が記された会議資料等の適切な回収
● 秘密情報の社外持ち出しを物理的に阻止する措置（セキュリティ・ワイヤーなど）
● 電子データの暗号化による閲覧制限等
● 遠隔操作によるデータ消去機能を有するPC・電子データの利用
● 社外へのメール送信・Webアクセスの制限
● コピー防止用紙やコピーガード付きの記録媒体・電子データ等により秘密情報を保管
● コピー機の使用制限
● 私物のUSBメモリや情報機器、カメラ等の記録媒体・撮影機器の業務利用・持ち込みの制限
● 秘密情報の消去・返還

(c) 視認性の確保

　職場のレイアウトの工夫、資料・ファイルの通し番号管理、録画機能付き防犯カメラの設置、入退室の記録、PCのログ確認等により、秘密情報に正当にまたは不当に接触する者の行動が記録されたり、他人に目撃されたり、事後的に検知されたりしやすい環境を整える。これにより、秘密情報の漏えいを行ったとしても見つかってしまう可能性が高い状態であると認識するような状況を作り出す。

　情報漏えい行為の状況などを記録する対策等は、情報漏えいが生じた場合

　の行為者に対する責任追及の際に必要となる証拠の確保手段としての意義も
ある。

　　具体的には、従業員との関係では、以下のような措置があげられる。

- 職場の整理整頓（不要な書類等の廃棄、書棚の整理等）
- 秘密情報の管理に関する責任の分担
- 「写真撮影禁止」「関係者以外立入り禁止」の表示
- 職場の座席配置・レイアウトの設定、業務体制の構築
- 従業員等の名札着用の徹底
- 防犯カメラの設置等
- 秘密情報が記録された廃棄予定の書類等の保管
- 外部へ送信するメールのチェック
- 内部通報窓口の設置
- 秘密情報が記録された媒体の管理等
- コピー機やプリンター等における利用者記録・枚数管理機能の導入
- 印刷者の氏名等の「透かし」が印字される設定の導入
- 秘密情報の保管区域等への入退室の記録・保存とその周知
- 不自然なデータ・アクセス状況の通知
- PCやネットワーク等の情報システムにおけるログの記録・保存とその
  周知
- 秘密情報の管理の実施状況や情報漏えい行為の有無等に関する定期・不
  定期での監査

(d)　秘密情報に対する認識向上（不正行為者の言い逃れの排除）

　　秘密情報の取り扱い方法等に関するルールの周知、秘密情報の記録された
媒体へ秘密情報である旨の表示を行う。これにより、不正に情報漏えいを行
う者が「秘密情報であることを知らなかった」「社外に持ち出してはいけな
い資料だと知らなかった」「自身が秘密を保持する義務を負っている情報だ

とは思わなかった」といった言い逃れができないようになる。

　具体的には、従業員との関係では、以下のような措置があげられる。

- ●秘密情報の取り扱い方法等に関するルールの周知
- ●秘密保持契約等（誓約書を含む）の締結
- ●秘密情報であることの表示

(e)　信頼関係の維持・向上等

　従業員等に情報漏えいとその結果に関する事例を周知することで、秘密情報の管理に関する意識を向上させる。また、働きやすい職場環境の整備や適正な評価等によって企業への帰属意識を醸成したり、仕事へのモチベーションを向上させる。これにより、職場のモラルや従業員等との信頼関係を維持・向上する。

　具体的には、従業員との関係では、以下のような措置があげられる。

- ●秘密情報の管理の実践例の周知
- ●情報漏えいの事例の周知
- ●情報漏えい事案に対する社内処分の周知
- ●働きやすい職場環境の整備
- ●透明性が高く公平な人事評価制度の構築・周知

(4)　ステップ４：秘密情報の取り扱い方法等に関するルール化

　決定された対策を実効的に講じていくためには、その内容を社内でルール化することが必要である。またその際には、従業員等が、秘密情報の管理を適切に行うことができるよう、秘密として保持すべき情報、その取り扱い方法について理解できる内容としておくことが重要である。

5　秘密情報の管理に係る社内体制のあり方

　秘密情報の管理体制を継続的に運用するためには、そのための社内体制を整備する必要がある。具体的には、全社的な監督・管理を行う責任者を頂点として、各部署が相互に協力をしていかなければならない。それぞれの部署の、各段階における役割は、以下のようになる。

(1)　CIO または部門横断的な組織の事務局担当の役割

保有する情報の把握・評価、秘密情報の決定の段階	情報漏えい対策の段階	情報漏えい事案への対応の段階
作業方針の決定などの全体取りまとめ	情報管理規程などの社内規程等の原案・見直し案の作成 秘密情報の管理に関する研修内容や実施方法の検討 部門横断的な組織（秘密情報管理委員会など）の事務運営 秘密情報の管理の実施状況の確認	情報漏えい事案対応の際の全体調整（対策チーム等の招集・運営等） 「情報漏えい事案対応に係るルール・マニュアル」の原案・見直し案の作成

（2）　法務担当の役割

保有する情報の把握・評価、秘密情報の決定の段階	情報漏えい対策の段階	情報漏えい事案への対応の段階
	情報漏えいに関する訴訟対応の観点からの就業規則・情報管理規程等の確認 秘密保持契約・誓約書、委託契約等の各種契約の確認・ひな形の作成 ※加えて、特に秘密保持義務契約書の管理（どのような情報について、いつまで、誰が、秘密保持義務を負っているのかといった情報の管理）も重要。	民事訴訟を提起する場合の訴訟対応の全体とりまとめ 刑事告訴をする場合の警察当局との窓口対応

（3）　人事・労務担当の役割

保有する情報の把握・評価、秘密情報の決定の段階	情報漏えい対策の段階	情報漏えい事案への対応の段階
	法務担当との連携のもと、就職時・退職時・異動時における適切な誓約書等の取得 部門横断的組織の事務局や法務担当との連携のもと、情報漏えい防止の観点からの就業規則の見直し 教育・研修等の運営 秘密情報漏えいに対する社内処分の実施・その内容の周知 働きやすい職場環境の整備に係る検討・実施や透明性が高く公平な人事評価制度の構築等 秘密情報の管理に係る意識共有、企業への帰属意識や働きがいを高める取り組みの実施、防犯カメラの設置やログ取得、諸々の社内規程の整備にあたっての、労働組合との協議や取り決めの対応 退職者等の動向の把握	秘密情報漏えい者に対する懲戒等の実施

(4)　情報システム担当（セキュリティ担当、IT 担当）の役割

保有する情報の把握・評価、秘密情報の決定の段階	情報漏えい対策の段階	情報漏えい事案への対応の段階
	社内規程等に沿った PC 等へのアクセス権限の設定・変更等の実施	情報漏えいの兆候の把握や、その疑いの検知のためのログ確認等の実施
	社内規程等に沿った情報システムの構築	被害の拡大防止の観点からのネットワーク遮断の実施
	※電子データの暗号化、印刷・複製禁止に係る設定、私物 USB 等の使用禁止の設定等	証拠保全の観点から、ログ等の保全
	必要なログの取得・保管	
	不正アクセス等に対する防護システムの導入・運用	

(5)　経営企画・分析担当の役割

保有する情報の把握・評価、秘密情報の決定の段階	情報漏えい対策の段階	情報漏えい事案への対応の段階
経営戦略の観点からの情報の評価、秘密情報の決定時における助言		従業員等への周知を見すえた秘密情報の管理の企業の業務効率化等に対する貢献度の分析

（6）　総務担当の役割

保有する情報の把握・評価、秘密情報の決定の段階	情報漏えい対策の段階	情報漏えい事案への対応の段階
	部門横断的組織の事務局や法務担当との連携のもと、情報漏えい防止の観点からの情報管理規程の見直し	
	来訪者受け付け・来訪者証の発行などの対応	
	工場見学等のマニュアルの作成・そのマニュアルに基づく対応	
	防犯カメラの設置	
	コピー機やプリンター等における利用者記録・枚数管理機能の導入	
	施錠された部屋・保管庫等の鍵の管理	
	清掃業者、メンテナンス業者等との契約・各業者への対応	

（7）　広報担当の役割

保有する情報の把握・評価、秘密情報の決定の段階	情報漏えい対策の段階	情報漏えい事案への対応の段階
		情報漏えいの事実の公表などに係るマスコミ対応の窓口

(8)　監査担当（内部統制担当）の役割

保有する情報の把握・評価、秘密情報の決定の段階	情報漏えい対策に関する役割	情報漏えい事案への対応の段階
	秘密情報の管理の観点からの定期・不定期での内部監査の実施。その結果の部門横断的組織の事務局へのフィードバック（監査結果に基づく改善指導、社内規程の改定に係る提言等） 情報漏えいに関する内部通報窓口の設置・運用	

(9)　知的財産担当の役割

保有する情報の把握・評価、秘密情報の決定の段階	情報漏えい対策の段階	情報漏えい事案への対応の段階
オープン＆クローズ戦略等の知的財産戦略の観点からの情報の評価、秘密情報の決定時における助言		

　このように、情報管理に責任を有する者または機関が、全社の適切な担当者・担当部門に速やかに指示を出せるように社内体制を整えておくことが、平時・有事の双方の場合に重要である。

第4章

ディスカバリー制度と
情報の一元管理

　本章では、関連する法制度のうちディスカバリー制度について説明する。また、必要とされる情報管理の要件をあげる。

　日本企業が米国においてクラス・アクション等により数千億円規模の訴訟リスクにさらされることが近時、頻繁に新聞紙上を騒がせている。特に、米国訴訟では、単に実体的に日本企業側が有利であるというだけでは不十分であり、ディスカバリー等の米国訴訟手続きの違反のみによって、本来有利であるはずの訴訟において敗訴するケースもある。したがって、原告側情報一元管理は、米国訴訟のディスカバリー対応のためにも重要である。

　ディスカバリー制度においては、相手方当事者の要求に基づき、原則、訴訟に関連するすべての証拠を提出する必要がある。その証拠の量は膨大になることが多く、ディスカバリー対応だけでも数千万円から数億円の費用を要する場合もある。また、ディスカバリーを適時に実施できないと裁判所との信頼関係を悪化させる可能性があるだけではない。本来、提出すべき証拠を提出しなかった場合には、証拠隠滅として法廷侮辱罪に問われ、または訴訟手続き上では不利に取り扱われる可能性がある（例えば、弁論の時間を制限されたり、裁判官から陪審員に対する指示において証拠隠滅を前提に判断するように求められる場合がある）。

　そのため、平時より、情報を一元的に管理しておくことで、ディスカバリー対

応をしておくことが重要になる。ディスカバリー対応において、第1に重要なことは、その入口である「訴訟ホールド」である。訴訟ホールドとは日本法にはない概念であり、なじみのある方は少ないと思われる。本章ではまず、訴訟ホールドについて概観し、それへの一般的な対策（平時における備え）、なかでも効果的な文書管理規程のあり方について検討する。

1 訴訟ホールドの概要

(1) はじめに

　米国訴訟には「訴訟ホールド」という概念がある。かかる概念は訴訟に限られないものであり、「リーガル・ホールド」と呼ばれることもある。日本にはない概念だ。
　訴訟ホールドとは、一種の証拠保全手続きである。ただ法令上には明確な定義がない。ここでは「証拠を保全する義務の履行として行う一連のプロセス」と定義する（厳密には「証拠」に限られないが、便宜上ここでは「証拠」という表現を用いる）。

(2) 訴訟ホールドの意義

　訴訟ホールドは、米国流の証拠開示手続きである「ディスカバリー」を前提とする。米国訴訟では、事実に即した裁判が行われることが重視される。そのため、それを担保するディスカバリーは、日本におけるさまざまな証拠開示手続きとは比べものにならないほど広範囲で強力だ。
　一種の証拠保全手続きである訴訟ホールドは、ディスカバリーを担保するために存在する。十分な証拠が保全されていなければ、ディスカバリーが空振り

に終わる可能性があるからである。したがって訴訟ホールドもディスカバリーと同様に広範囲で強力だ。

　米国訴訟では訴訟ホールドの不備に対して厳しい制裁を科せられるおそれがある。しかも不備の程度に比べて制裁の程度が非常に重い場合が多い。

　またディスカバリーはあくまで訴訟が係属してから開始されるが、訴訟ホールドは訴訟係属前に開始する可能性がある。つまり潜在的訴訟当事者にすぎない場合でも訴訟ホールドを実施する義務が生じうる。そのため、訴訟係属前から注意が必要だ。

(3)　訴訟ホールドの内容

　連邦民事訴訟規則の 2015 年改正で、訴訟ホールドの存在を前提とする規定が設けられた。改正後の第 37 条(e)は、合理的な保全措置を取らなかったために電子保存情報が失われた場合には、裁判所は一定の厳格な制裁を科すことができるとする。悪質な場合なら直ちに敗訴判決（デフォルト・ジャッジメント）を下すこともできる。これにより、電子データに対する訴訟ホールドで不備があった場合には、どのような制裁が科せられるかがより明確になった。もっとも、訴訟ホールドの内容を明確にする規定はいまだに連邦民事訴訟規則に存在しない。

　訴訟ホールドという概念は、2003 年のリーディング・ケース（判例）において広く認識されるようになった。ズブレイク判決である。その後、訴訟ホールドの内容は多くの判例の積み重ねによって形成されてきた。訴訟ホールドの内容は判例の分析に基づき吟味する必要がある。

　訴訟ホールドの内容に関する主な論点は次の 3 つである。

- ●実施範囲
- ●実施時期
- ●実施方法

(4)　訴訟ホールドの実施範囲

　訴訟ホールドの内容に関する論点の中でも重要なのは実施範囲である。訴訟ホールドは一種の証拠保全手続きであるので、つまりはどの範囲の証拠を保全すべきなのかという問題である。連邦民事訴訟規則をはじめ、法令上も判例上も実施範囲は明確でない。

　過去の判例を分析すると、訴訟ホールドの実施範囲はディスカバリーの範囲とほぼ一致する。それは、訴訟ホールドがディスカバリーを担保するためのものと一般的に考えられているからであろう。つまり、ディスカバリーの範囲も、訴訟ホールドの実施範囲も、基本的には「当該訴訟に関連する情報」である。決して、会社が保有しているすべての情報ではないが、かなり広いと言える。

　ただし「関連性」の判断は容易ではない。時間の経過とともに関連性の範囲が変移する場合もある。特に訴訟係属前の段階では「当該訴訟に関連する情報」を特定することは非常に困難だ。そのため米国では、会社だけで判断するのではなく、弁護士と相談しながら関連性の範囲を慎重に判断する会社も多い。

(5)　訴訟ホールドの実施時期

　訴訟ホールドの内容に関する論点の中でもう 1 つ重要なのは実施時期である。つまり「証拠を保全する義務」はいつ発生するのかという問題である。そのような義務は訴訟係属前でも発生する可能性があるが、具体的にどの時点かというのは法令上も判例上も明確ではない。

　これも過去の判例を分析すると、一般的には「訴訟を合理的に予期できるに至った時点」であると考えられている。つまり潜在的訴訟当事者が「訴訟を合理的に予期できるに至った時点」で当該当事者は証拠を保全する義務が生じる。

　ただし、「訴訟を合理的に予期できるに至った時点」を確定することは容易ではない。訴訟提起の直前になる場合もあるし、そのだいぶ以前の時点になる

場合もある。具体的には、相手方から訴状や警告状を受領したならば、「訴訟を合理的に予期できるに至った」と認定されうる可能性が高い。しかし、訴訟提起のうわさを聞いただけや「訴えてやる」という脅しを受けただけならば、「訴訟を合理的に予期できるに至った」と認定されるおそれは必ずしも高くないだろう。結局、個別事案ごとに事実を考慮しながら判断するしかない。

(6)　訴訟ホールドの実施方法

　訴訟ホールドを実施する義務が存在すること自体は判例上ほぼ固まっているが、具体的に何を実施すべきなのかは法令上も判例上も明確ではない。さまざまな判例を分析して、判例の傾向を把握するしかない。

　そこで過去の判例を分析すると、訴訟ホールドの実施にあたっては、少なくとも次の3点が重要であることがわかる。

- 訴訟ホールド通知の交付
- 電子メール自動削除機能の停止
- 訴訟ホールド遵守の監視

　訴訟ホールド通知というのは、訴訟ホールドの実施を従業員等に知らしめる通知を言う。原則として電子メールや紙媒体などの書面でなされる必要がある。米国では会社の社内弁護士や顧問弁護士が通知を作成し、経営陣の名義で通知を発行することが多い。その内容は個別事案ごとに異なるが、一般的には次のような事項を記載する。

- 事案の概要
- 保全すべき情報の具体例
- 保全すべき情報の所在場所
- 保全すべき情報の対象期間
- 情報を保全するための手順
- 情報を保全しなかった場合の制裁

● 保全に関する問い合わせ先

　電子メール自動削除機能というのは、一定期間が経過した後にシステム上で電子メールを自動的に削除する機能を言う。どの程度の期間でなければならないという要請は特になく、数週間の場合もあれば数カ月の場合もある。なぜそのような機能を停止しなければならないかというと、これを漫然と続けていると、知らないうちに「当該訴訟に関連する情報」を削除している可能性があるからである。削除について明確な故意がなかったとしても、訴訟ホールドの不備とみなされ、制裁を科せられるおそれがある。

　訴訟ホールド遵守の監視というのは、訴訟ホールド通知を交付した後も従業員等がそれを実際に遵守しているかを監視することである。例えば、遵守を促す通知を定期的に出すこと、遵守に関する誓約書を従業員等に提出させること、不遵守に対する社内的制裁を定めること、遵守の有無についてサンプリング調査を実施することなどがあげられる。

(7)　まとめ

　このように米国訴訟においては、訴訟ホールドの意義は小さくない。もし訴訟ホールドを正しく実施できず、何らかの不備があると認定されれば、厳格な制裁を科せられるおそれがある。

　もっとも、訴訟ホールドの内容はあまり明確とは言えない。できれば弁護士と相談しながら、訴訟ホールドの実施範囲、実施時期および実施方法を慎重に検討することが望ましい。

2 訴訟ホールドに対する平時における備え

(1) はじめに

　訴訟ホールドを実施すべき時期になれば、上記の実施範囲で、上記の実施方法をもって訴訟ホールドを進める必要がある。しかし、それらを迅速に実行することは容易ではない。平時から訴訟ホールドの準備を怠らないことが肝要である。

　準備の内容は各社の状況によって異なったものとなるが、一般的には次のような対応が考えられる。

- 経営陣のサポート
- 従業員教育
- データ・マッピング
- 文書管理規程
- 定期的な監査

(2) 経営陣のサポート

　訴訟ホールドを迅速にこなすためには、全社的なサポートが必要である。訴訟ホールドに実際に対応するのは個々の従業員であるが、それを負担に思う従業員も珍しくない。個々の不満が噴出しないように、全社的な取り組みが必要である。

　そのためには経営陣のサポートが欠かせない。例えば、経営陣から直接、従業員に働きかけてもらうことも考えられる。社内の会合などで訴訟ホールドの実施が会社にとってどれほど重要かを繰り返し説明することによって、従業員の納得を得られやすくなる。

(3)　従業員教育

　従業員に対する直接的な教育も重要である。従業員が訴訟ホールドの意義や重要性を理解していないと、従業員が訴訟ホールドを遵守しなくなる可能性が高まる。また従業員が訴訟ホールドへの対応を理解していないと、人為的なミスで訴訟ホールドの不備となる可能性が高まる。米国では多くの企業が訴訟ホールドに関する何らかの従業員教育を行っている。

　どのような従業員教育が最適であるかは、各社によって異なる。例えば、各部署のリーダーに対するトレーニング、新入社員へのオリエンテーション、社内セミナー、啓発ポスターの貼付などが考えられる。米国では「クリーンアップ・デー」「ドキュメント・デー」などと呼ばれる日を設けて、従業員の全員参加で文書管理を徹底させる会社もある。

(4)　データ・マッピング

　訴訟ホールドの対象は紙媒体の文書だけではなく、電子データも含まれる。したがって訴訟ホールドを実施するには、電子データも保全しなければならない。そこで電子データの所在を平時から把握する必要がある。それがデータ・マッピングである。

　データ・マッピングとは、一般に「電子データの所在や形式などを把握して記録する一連のプロセス」を言う。その結果として作成されるデータ・マップは、一覧表のようなものや地図のようなものがある。データ・マップに記載すべき事項としては、電子データの物理的な所在地、ネットワーク上の所在地、フォーマット形式、管理責任者などがありうる。

　データ・マッピングには、予想以上に手間と時間がかかる。特に大きな会社では、電子データのネットワークが複雑に連係している場合があるので注意が必要である。

(5)　文書管理規程

　文書管理規程は、会社が保有する文書をどのように管理するかを定める。従業員はこの文書管理規程に従って会社の文書を保存・管理し、そしていずれは削除する。

　文書管理規程に関する詳細は、次節「3　効果的な文書管理規程」で取り上げる。

(6)　定期的な監査

　文書管理規程は、それが設けられているというだけでは十分ではない。実際にも、正しく運用されていなければならない。そのためには、従業員に対する定期的な監査を行うのが望ましい。

　例えば、文書管理規程に関する従業員の理解度をチェックしたり、文書管理規程の正しい運用について模擬訓練を実施したりすることが考えられる。もし文書管理規程を遵守できていない従業員がいたならば、改善するように注意をすることが望ましい。

　米国では、外部専門家を含めた監査のための委員会を設置することもある。

(7)　まとめ

　このように、訴訟ホールドに備えるために平時からできることは少なくない。なるべく早期に、そしてなるべく多くの準備をしておくことが、訴訟ホールドを迅速に実施するための鍵となる。

 # 3　効果的な文書管理規程

(1)　はじめに

　上記のとおり、文書管理規程に従って保存・管理した会社の文書であるが、いずれは削除することになる。したがって文書管理規程では、これらの事項に関するルールを明確化する必要がある。文書管理規程に規定すべき主な事項は次のようなものである。

- 文書管理規程の目的
- 文書管理規程の適用範囲
- 文書の保存期間
- 文書の持ち出し
- 文書の廃棄

(2)　文書管理規程の目的

　文書管理規程を定める目的はさまざまであるが、訴訟ホールドとの関係で言うと主に2つある。第1は、文書所在の明確化である。文書管理規程に従って正しく保存・管理されていれば、訴訟ホールドを実施するときに各種文書の所在がわかりやすくなる。第2は、文書量の抑制である。文書管理規程に従って正しく削除されていれば、文書の量を抑制することができ、しかも意図的に特定の文書を削除したという疑いを回避しやすくなる。

　最後の点について補足すると、訴訟ホールドの実施前に情報を削除すると、訴訟ホールドの不備として制裁を科せられるおそれがある。しかし、かかる削除が「合理的な措置」に基づいたものであれば制裁を避けられる可能性が高まる。その「合理的な措置」の具体例の1つとして、この文書管理規程があては

まりうる。なお、かつては文書管理規程に基づく削除ならば制裁に対するいわゆる「セーフ・ハーバー」になるという規定が連邦民事訴訟規則の中にあったが、2015年改正によりそのような規定が削除され、文書管理規程に従った削除か否かは「合理的な措置」の有無の判断の中で考慮されることになった。

また隠れた目的として、米国訴訟対策がある。米国で訴訟になる可能性がある日本企業は、相手方となる米国企業は周到に準備された文書管理規程を持っているものだと想定しておくことが望ましい。仮に米国で訴訟になり、相手方企業がそのような文書管理規程を持っていたとしたら、裁判所はその相手方企業と比較して不十分な規程しか持たない日本企業に対して悪い印象を持つおそれがある。

(3)　文書管理規程の適用範囲

文書管理規程が、社内におけるどのような文書に適用されるのかという問題である。効果的な情報管理を実現するためには、なるべく多くの社内文書に対して共通のルールが適用されることが重要である。

近年は、紙媒体の文書だけでなく、電子データの重要性が増している。そこで、文書管理規程が電子データにも適用されることを明らかにすることが重要だ。

また事業所が複数ある会社では、文書の所在地としてあらゆる場所を含むものと定めることが重要だ。事業所ごとで異なる運用がなされると効率が悪いし、また不利益な文書のみを削除しているのではないか、と疑われるおそれがある。

(4)　文書の保存期間

文書管理規程では、保存すべき文書の種類と保存期間（廃棄時期）をそれぞれ定めることが一般的である。それらを記載した一覧表を規程別紙として添付

することもよくある。

　文書の種類については、法令上の要請や実際に分類する際の容易性を考慮しながら定める。分類の容易性という観点からは、なるべく少ない数の分類項目にとどめることが望ましい。

　文書の保存期間については、法令などで要求される保存期間を遵守しつつも、当該文書を保存し続けるビジネス上のメリットと、リスクやコストなどのデメリットを比較検討しながら決定するのが望ましい。

(5)　文書の持ち出し

　文書の所在を把握しやすくするためには、文書の持ち出しについてルールを定めることが望ましい。そのようなルール策定は情報漏えいの防止にも資する。

　具体的には、従業員が文書を持ち出す際には所定の手続きを取ることを要求すべきである。特に重要な文書であれば、どのような文書を、どのような目的で、どのような場所へ持ち出すのかを報告させることが考えられる。

(6)　文書の廃棄

　文書の量を抑制するためには、文書の廃棄が重要である。保管期限が経過した文書は速やかにかつ確実に廃棄すべきである。かつ、そのようなルールは明確化すべきである。廃棄する担当者や廃棄の方法などについても指定すると、運用もしやすくなるだろう。

　訴訟ホールドの不備の疑いを回避するためには、文書の廃棄のルールが客観的に明確であることが望ましいし、かつ文書管理規程の定めに従って実際に運用されていることが肝要だ。実際の運用が文書によってまちまちだったりすると、会社にとって不利益な文書だけ削除していると疑われかねない。

　特に電子メールについては自動削除という廃棄方法がある。効率的な廃棄方

法として自動削除機能をシステム上で採用する会社も少なくない。そこでかかる機能の導入を文書管理規程に明記することもある。

(7)　まとめ

　このように、文書管理規程にはさまざまな事項に関するルールを明記する。それらはすべての会社に画一的に適用できるものではなく、各社の事情にあったものが必要だ。さらには、実際に各社において運用できるものであることが重要である。

　効果的な文書管理規程を策定することを含めて、平時から訴訟ホールドへの準備を怠らなければ、仮に訴訟ホールドを実施すべき時期が到来しても、訴訟ホールドひいては米国ディスカバリー手続きに迅速に対応することが可能になるであろう。

第5章

インサイダー取引を防止するための情報管理

　本章では、関連する法制度のうちインサイダー取引について説明する。また、必要とされる情報管理の要件をあげる。

　会社が保有する情報のうち、上場会社のインサイダー情報も、管理すべき重要な情報の1つである。金融商品取引法上のインサイダー取引規制（金商法第166条ないし第167条の2）の違反が発生した場合には、違反行為者について刑事罰や課徴金が科せられることとなり、会社のレピュテーションの毀損を含めて、自社や自社の役職員がインサイダー取引規制違反を行った場合の損失は小さくない。

　インサイダー情報の管理についても、必要な者の間でのみ情報を利用し、必要としない者に対しては情報を伝達しないという情報管理の要点は変わらないものの、インサイダー情報の特質を管理の視点に加味する必要がある。また、インサイダー情報の管理体制については、整備の取り組みが必ずしも進んでいるとは評価しがたいところであり、この点からも特に意識的な整備が必要と思われる。

1　情報管理と売買管理

　インサイダー取引規制は、上場会社の業務等に関する重要事実（インサイダー情報）を、職務に関して知った当該上場会社の役職員や、当該上場会社との契約の交渉や締結、履行に関して知った契約相手方（契約締結者）、あるいはこれらの者から直接インサイダー情報の伝達を受けた者（一次情報受領者）等が、当該インサイダー情報が公表される以前に、当該上場会社の株式等を売買することを禁じるものである。

　インサイダー取引の発生を防止するため、上場会社においては、情報管理と、役職員に対する自社株式等の売買管理を併用しているものと思われる。情報管理と売買管理は、インサイダー取引防止のための両輪であるが、現状では、上場会社において売買管理を厳しくすることによって、情報管理の不十分さを補っている傾向があるようである[1]。自社役職員がインサイダー取引規制違反の売買を行うことを防止する観点からは、売買管理が機能していれば足りるとも言えるが、不必要に厳しい売買管理は自社役職員の資産形成の機会を損なうこととともなるし、昨今導入が進んでいる株式報酬制度の意義を減殺することともなる。逆に情報管理が適切に行われていれば、過剰な売買管理をする必要もない。さらに、売買管理のみでは、社外の者による自社株式を対象とするインサイダー取引の発生を防止することができず、ここに情報管理の重要な意義がある。

---

[1]　2016 年 10 月 31 日に日本取引所自主規制法人、名古屋証券取引所、福岡証券取引所および札幌証券取引所の公表した「第 4 回全国上場会社インサイダー取引管理アンケート調査報告書」、73 頁。

2　情報管理の重要性

　社外の者により行われたインサイダー取引であったとしても、対象となった上場会社に対する悪影響は無視できない。まず、インサイダー取引の調査が行われる場合には、当然ではあるが、インサイダー情報の発生源である上場会社に対して情報の伝達経路等に関する当局の調査が行われ、資料の準備等といった対応が必要となり、コストが発生する。また、課徴金納付命令や刑事告発の対象となった事案について、どの銘柄についてインサイダー取引が行われたのか当局により公表される。したがって、インサイダー情報の漏えいが生じた会社にとっては、株主、投資家、取引先等からの信用を著しく傷つけることとなり、レピュテーションの毀損は深刻である。

　さらに、従来のインサイダー取引規制に加えて、2014年（平成26年）に情報伝達・取引推奨に対する規制が導入されている。この規制のもとでは、売買を自らは行わないとしても、インサイダー情報を不正に伝達した者が刑事罰や課徴金の対象とされることとなった。インサイダー情報の伝達行為のすべてが規制違反となるわけではなく、伝達者において、情報伝達の相手方に売買をさせることによりその者に利益を得させ、またはその者の損失の発生を回避させる目的がある場合に限定されている。

　この情報伝達・取引推奨に対する規制の違反行為に関する刑事事案や課徴金事案も既に複数が公けになってはいるものの、事例の蓄積が必ずしも十分にはない状況であり、利益を得させる目的や損失の発生を回避させる目的がどのような場合に認定されるのかはいまだ明確とは言えない。したがって、自らは売買を行っていない自社役職員であっても、インサイダー取引規制に違反したとして刑事罰や課徴金の対象となる可能性があり、これには売買管理のみでは対応することができない。

　さらに、情報管理は、2018 年（平成 30 年）4 月 1 日に施行の、いわゆるフェア・ディスクロージャー・ルール（金商法第 27 条の 36）の遵守においても重要となる。

　フェア・ディスクロージャー・ルールとは、上場会社の役員や一定の職員が、その業務に関して、当該上場会社の運営等に係る重要な情報を、金融商品取引業者、登録金融機関や格付業者等、あるいは、上場会社の IR 業務に関連して情報伝達を受ける株主や機関投資家等に対して伝達する場合には、それらの者が重要な情報を他に漏えいせず、かつ、当該上場会社の株式につき取引をしない義務を負っている場合を除き、同時に、当該情報を公表しなければならないとするものである。

　フェア・ディスクロージャー・ルールに基づき最低限管理すべき情報は、インサイダー情報及び株価に重要な影響を与える決算情報とされている[2]。したがって、インサイダー情報の管理とフェア・ディスクロージャー・ルールに関する情報管理は重なる部分も大きい。しかし、情報管理の不備により不適切な伝達が生じた場合には、フェア・ディスクロージャー・ルールにおいては、伝達が生じたことにより直ちに公表する義務が生じるため、意図しない時期における公表を強いられるおそれがあり、会社に与える影響は大きい。

3　課徴金事例に見る違反行為者、情報伝達者の属性

　続いて、過去の課徴金事例におけるインサイダー取引の違反行為者の属性を見てみたい。

　図表 5-1 は、2005 年度以降において、金融商品取引法第 166 条のインサイダー

---

[2]　金融庁総務企画局「金融商品取引法第 27 条の 36 の規定に関する留意事項について（フェア・ディスクロージャー・ルールガイドライン）」の問 2 の答え。

図表 5-1　インサイダー取引規制の違反行為者の属性

属性		累計人数 （括弧内は 2016 年度の人数）
上場会社・上場会社役職員		62 （13）
契約締結者		39 　（4）
第一次情報受領者		90 （13）
	取引先	28 　（1）
	親族	15 　（4）
	友人・同僚	29 　（8）
	その他	18 　（0）
総数		190 （30）

（注）　一人の行為者が複数の立場で違反行為を行う場合があるため、総数は各属性の
合計数と一致しない。

図表 5-2　インサイダー取引規制に違反した情報伝達者の属性

属性		累計人数 （括弧内は 2016 年度の人数）
発行会社役職員		42 　（7）
契約締結者		48 　（6）
	引き受け証券会社	11 　（0）
	業務受託者	16 　（6）
	業務提携者	9 　（0）
	その他	12 　（0）
総数		90 （13）

取引規制違反により課徴金対象となった行為者の属性を示したものである[3]。

　第一次情報受領者には会社の同僚が含まれるので、一部社内の人間が含まれて
いるものの、契約締結者および第一次情報受領者の総数に占める割合は、それぞ
れ約 2 割および半数弱となっており、違反行為者については、社内の者より社外

3　証券取引等監視委員会事務局「金融商品取引法における課徴金事例集〜不公正取引編〜」2017 年（平
成 29 年）8 月、14 頁の表をもとに作成。

の者の比率がかなり高いことがうかがわれる。

　また、図表 5-2 は 2005 年度以降において、金融商品取引法第 166 条のインサイダー取引規制違反により課徴金対象となった第一次情報受領者に対する情報伝達者の属性を示したものである[4]。

　第一次情報受領者に対する情報伝達者としても、公募増資インサイダー取引事案の影響で引受証券会社の数が多いなど若干の留意すべき事情があるものの、やはり社外の者の比率のほうが高くなっている。また、業務受託者には、弁護士や公認会計士といった職業的専門家も含まれている。

　現実に生起しているインサイダー取引規制違反の事例に照らしても、社外の者により、あるいは社外の者による情報伝達行為により違反行為が行われることのほうがむしろ多く、したがって、売買管理のみでは自社に関するインサイダー取引の発生防止には不十分であり、適切な情報管理が重要であることがわかる。

　またこれらの統計を逆の立場から見ると、自社役職員が他社のインサイダー情報に基づきインサイダー取引を行うおそれが少なくないことも示唆しており、自社で発生するインサイダー情報に加えて、他社から受領するインサイダー情報についても管理の必要性があることを示している。

4 インサイダー情報の管理すべき情報としての特徴

　インサイダー情報の管理については、必要とする者の間でのみ情報を利用し、

4　　上記注 3、16 頁の表を基に作成。

そうでない者に対しては情報を伝達しないということが基本であり、これは各種の情報管理と共通する発想である。ただし、具体的な管理手法については、インサイダー情報の特色に照らして検討することが必要である。

(1) 情報の時間的な変化

第1の特色としては、インサイダー情報の性質が刻々と変化する点であり、どの時点からどの時点まで管理するのかを検討する必要がある。インサイダー情報のうち、例えば組織再編行為など会社の決定に関する情報について、会社法上の機関決定がなされた時にインサイダー情報となるということであれば明確であるが、そのようには解されていない。決定機関については実質的に会社の意思決定と同視されるような意思決定を行うことのできる機関であれば足り、また決定の内容についても、実施に向けた作業等を会社の業務として行う旨を決定すれば足りるとされており[5]、インサイダー情報となる決定があったか否かについては相当実質的な判断が必要となる。また、会社の決定によらない、重要な事象の発生に関するインサイダー情報についても、例えば災害により発生した損害など時の経過により事態が変化し、また状況が判明する場合もあり、やはりインサイダー情報に該当しうる事象であるか否かについては個別の事例に即した実質的な判断が必要となる。

ある情報がインサイダー情報に該当することとなったか否かの判断が難しい場合が少なくないのに対して、インサイダー情報に該当しなくなったことの判断自体は比較的容易である。適時開示等によりインサイダー情報が公表されたか否か、という明確な基準があるためである。ただし、適時開示等により公表する内容の程度によっては、インサイダー情報に該当しなくなったとは言えない場合もあり、特に刻々と状況が変化する事象について随時適時開示を行う場

5　最判平成 11 年（1999 年）6 月 10 日刑集 53 巻 5 号、415 頁。

合には、どの時点でインサイダー情報に該当しなくなったのかの判断が必要となる場合がある。

このように、時の経過に応じて性質が変化するインサイダー情報の性質に照らすと、インサイダー情報への該当性の判断を行う部署や開示担当部署との密接な連携のもとに、情報管理を行う必要がある。

なお、上述のように、適時開示等による公表によってインサイダー情報に該当しなくなるため、インサイダー情報となった後に、いかに早期に当該情報について適時開示を行うかが、情報管理の難易に影響する。適時開示が遅れるほど、インサイダー取引のおそれは高まるのであり、「適時」の開示のインサイダー取引防止に対する有用性については、常に指摘されるところである。

(2)　情報伝達の容易性

第 2 の特色としては、他者への情報の伝達が容易な場合が少なくないということである。例えば営業秘密については、顧客リストなど、情報が一定の集合体となることにより意味を有したり、また知的財産については、詳細で正確な技術的情報が必要であるため、何らかの記録媒体を介在させないと伝達が困難な場合が多いと思われる。これに対して、インサイダー情報の場合には、情報がそれほど詳細ではなく、また細部につき完全に正確ではなくても、そのような情報に基づいて行われた取引は通常インサイダー取引規制に違反するのであり、情報伝達において記録媒体を介在させる必要性は高くない。

このような情報伝達の容易性に照らすと、知る必要がない者にはそもそも情報に触れさせてはならないという要請が他の情報と比べてより高いと言える。

⑶　他社に関する情報の管理の必要性

　上述のように、現実の事案としては、自社の役職員により、自社で発生したインサイダー情報に基づき自社株式の取引が行われる事例よりも、他社から受領したインサイダー情報に基づき当該会社の株式の取引が行われる事例のほうが多い。他社に関する情報を管理しなければならないのも、インサイダー情報管理の特徴の1つと言える。

　ある情報がインサイダー情報に該当することとなるか否かについては、上述のとおり相当実質的に判断されるために、他社から受領した情報がそもそもインサイダー情報となっているか否かの判断自体が困難な場合は少なくないと思われる。また、適時開示等による公表の時期についても、自社には決定権がないことから、いつまで管理しなければならないのかについても不安定な立場となる。

　しかし、他社から受領したインサイダー情報の管理の必要性は明らかであり、他社から情報を受領する際には、当該情報がインサイダー情報に該当するか否かを相手方に確認する等によりインサイダー情報に該当するかを判断し、該当する場合には、可能な限り自社で発生したインサイダー情報と同様に管理することが必要である。

　また、他社から受領した情報もインサイダー情報に該当することを考えると、インサイダー情報に関する情報管理は、上場会社やその関連会社のみが行えばよいというわけではなく、上場会社と取引関係等のある非上場会社も行わなければならない必要性も存在する。

5 インサイダー情報の適切な管理

　インサイダー情報の管理については、具体的には何を目的として管理体制を整備すればよいのだろうか。インサイダー情報の管理の要点は、インサイダー情報が知るべき者には共有されているが、知る必要のない者には接触できないことである。そして、インサイダー情報を共有すべき者が限定されており、またその数が少ないほど、管理はより容易であるから、インサイダー情報を共有すべき者の範囲をいかに限定するかが目的の 1 つとなる。また、情報伝達の際の手続きが適切でない場合には、被伝達者において受領した情報がインサイダー情報であるか否かの判断が困難なこと等からインサイダー取引が生じるおそれが高まる。また、情報伝達についてルーズになり不適切な伝達が生じるおそれも高まるので、伝達手続きを整備することも、管理体制整備の目的となる。さらに、事後的に情報の伝達経路を検証できるようにしておくことは、インサイダー取引が万一発生した場合に情報伝達経路を検証すること、また管理体制を改善して将来の不正な情報伝達を防止するために有用であると考えられる[6]。

　現実のインサイダー取引規制違反も、これらについて不十分である場合に生じている。いくつか実例を見ることとする。

インサイダー取引規制違反：事例 1

　情報システム部の社員が管理者権限を悪用し、業務用 PC からサーバーにアクセスし、業績予想修正や業務提携の事実を知り、自社株式の取引を行った。情報システム部において、管理者権限の設定に必要な ID の付与先を管理していなかったうえ、長期間変更もしていなかった[7]。

6　これらの目的について、上記注 1、29 頁を参照。
7　パイオニア株式会社社員による内部者取引の事例（2015 年 9 月 8 日勧告）。

　これはインサイダー情報を共有すべき者の適切な限定がされていなかったために、知る必要がない者がインサイダー情報に接触しうる状況が存在していたという事案である。インサイダーとなる者について適切な限定がされておらず、限定がなければインサイダーとなる者の数が多くなり、それだけ情報管理は困難となり、インサイダー取引が生じるおそれは高まる。

インサイダー取引規制違反：事例2

　上場会社の役員から、上場会社において業務遂行の過程で多額の損害が発生することが確実になった旨の状況をメールで知らされた海外子会社の従業員が当該上場会社株式の取引を行った。メールでの伝達の際に、インサイダー情報であることについての注意喚起はされていなかった[8]。

インサイダー取引規制違反：事例3

　新薬開発を行うA社の治験契約の相手方であるB社の従業員が、治験が中止されることをA社より知らされ、A社株式の取引を行った。A社はインサイダー情報を社外の者に伝達する際には相手方と秘密保持契約を締結することとしていたが、治験の中止について関係者に連絡した際に、インサイダー情報であることについての注意喚起がされていなかった[9]。

　事例2、事例3は、情報伝達の際の手続きが適切でなかったため、インサイダー取引が行われたと考えられる事案である。このうち事例3については、秘密保持契約が締結されていたものの、個別の情報の伝達に際しての注意喚起がされていなかった事例であり、秘密保持契約が締結をされているからといっても、それを過信することなく、個別の情報伝達のたびにしかるべき手続きが踏まれるべきで

8　江守グループホールディングス株式会社役員からの情報受領者による内部者取引の事例（2016年2月16日勧告）。
9　株式会社アールテック・ウエノとの契約締結者の職員による内部者取引の事例（2015年11月25日勧告）。

あることを示唆している。

6　上場会社における情報管理体制の整備状況

　上述の 3 つの目的に照らして、具体的にいかなる手法を取るべきであろうか。情報管理体制の構築については、一般に、「会社の事業内容、情報の性質・内容・秘匿性、業務のあり方、人的・物的態勢など諸般の事情を考慮して、その合理的な裁量に委ねられている」とされており[10]、会社の具体的な状況に応じて、合理的に決定するべきである。しかし、上場会社においてさえも、インサイダー情報に係る情報管理体制については、いまだに整備途上の感が強い。

　図表 5-3 は取引所の行った上場会社に対するアンケートに基づき、インサイダー取引規制に係る施策につき、回答を行った 1990 社のうち実施している会社の比率を示すものである[11]。

　役職員に対する注意喚起や守秘義務規程の整備などについては多くの会社で行われているものの、例えば、情報伝達時における報告ルール等、具体的な方策については導入していない会社のほうが多く、全体的には情報管理体制の整備状況としては途上と言わざるをえない。

　情報伝達範囲の限定、情報の伝達手続きの明確化および事後的な検証のための具体的な方策を検討するにあたり、英国金融サービス機構が、株価に多大な影響を与えうるような非公開情報の悪用を防止するための原則を示した情報管理のあり方を示しており[12]、インサイダー情報に関しても参考にできる。それぞれにつ

10　東京地判平成 21 年（2009 年）10 月 22 日判時 2064 号、139 頁。
11　上記注 1、30 頁の表を基に作成。
12　Market Watch Newsletter Issue No. 21（July 2007），Market Watch Newsletter Issue No. 27（June 2008）.

図表5-3　インサイダー取引規制を実施している企業

施策		実施している会社の比率（%）
1.	情報に重要度区分を付けて、重要度に応じた管理をしている	36.2
2.	情報の伝達可能な範囲を規程上明示している	24.0
3.	情報伝達時には、情報管理の責任者（上長等）に報告している	40.6
4.	情報伝達経路を文書にして記録している	12.2
5.	事後検証が可能なように、重要な情報は文書にして伝達している	18.2
6.	文書の作成、配布、保管、検索、廃棄等について社内ルールを設けている	51.1
7.	情報隔壁（チャイニーズ・ウォール）を設けて、情報の流出を制限している	17.6
8.	伝達情報に重要事実が含まれていることを、相手に伝えている	47.6
9.	役職員に対して、情報の不用意な流出につながる行為を行わないよう注意を呼びかけている	78.2
10.	役職員に対して、情報の取り扱いに係る守秘義務規程を設けている	58.8
11.	役職員から、情報の取り扱いに係る守秘義務誓約書を徴している	41.7
12.	情報を管理システムに登録して一元管理している	5.1
13.	内部監査を利用して、情報管理に係る取り組みの事後検証を行っている	25.6
14.	情報管理の徹底については、役職員同士で相互チェックしている	10.6
15.	特定のプロジェクトについては、検討開始時点から管理している	35.7

いては、以下のような手法の導入を検討できるのではないか。

(1)　情報伝達の範囲の限定

- 可能な範囲で、関与する担当者の数を限定する
- インサイダー情報の共有者（インサイダー）のリストを作成する
- インサイダーのリストは随時更新する。インサイダーでなくなった者については、追加の情報共有が生じないように、他のインサイダーに知らせる
- IT部署の担当者もインサイダーとして管理する

- 退職者に対して、守秘義務を守ることを約束させる
- 資料の廃棄、デスクの整頓についてルール化する
- 社内においても、推測されにくいコードネームを使用する
- インサイダー情報に関する会話は、会議室でのみ行う
- インサイダー情報の記載された資料についての、外部での使用を禁止する
- インサイダー情報の記載された資料は、ロッカーで保管する
- インサイダー情報が扱われているスペースについては、立入制限をかける
- 取引ごとに、パスワードでプロテクトされたサーバーを設置する
- インサイダーのリスト上の者のみにアクセス権限があるデータルームを使用する
- ファイルにはパスワードを付する
- ファイルやフォルダ、メールの件名などにもコードネームを使用する
- すべての電子機器についてパスワードでのプロテクトをかける
- PC等の自動ロックを設定する
- オフサイトで働く従業員のためのネットワークを用意する
- インサイダー情報が不適切に取り扱われている場合の通報の仕組みを作る

(2) 情報の伝達手続きの明確化

- 情報伝達時に、情報管理の責任者に報告する
- 情報伝達をする際には、被伝達者にインサイダーとなることに関して注意を促す
- 社外の者に情報伝達をする際には、書面での手続きを取り、情報の取り扱いについての責任を知らせる
- 社外の者の情報伝達先としての適切性を検討する
- 特に業務の受託者など、社外の者からインサイダー情報を適切に管理するための手続きが取られていることのレターを取得する

● 実務上可能な限り、第三者を遅い段階でインサイダーとする

● 守秘義務契約の通例的な取り交わしだけでなく、口頭でも注意を促す

(3)　事後的な情報の伝達経路の検証可能性

● 事後検証が可能なように、重要な情報は文書にして伝達する

● IT システム上のファイルに誰がアクセスしたかの確認を行う

● コピーにナンバリングを付す等、ハードコピーの配布も管理する

● 情報伝達経路を文書にして記録する

● メールの開封確認を付すなど、メールの誤送信に備える

　これらについては、会社の実情に応じて導入が困難なものもあると思われるが、むしろインサイダー情報のすべてについて一律にすべての方策を取る必要は必ずしもなく、対象となるインサイダー情報の性質や重要性に照らして段階を付けて導入するのが現実的であると考えられる。

第6章

各個別法に対応するための統一的な情報管理手法：まとめ

　ここまでの各章では、個別法における要求事項を見てきたが、異なる法律が適用される情報であっても、そこで要求されている情報管理の手法には一定の共通点があることがわかる。どの法律が適用される情報であっても、統一的な運用を行うことが、最終的な文書管理の効率と、法律遵守の確実性を高めることになるであろう。

 ## 1 統一的な情報管理手法

　以下では各図表でそれらについてまとめる。

図表 6-1　取締役（CIO が望ましい）による集中的指示と管理

個人情報	責任ある人間の名前によるガイドライン策定と漏えい対応措置の作成の必要性
特定個人情報	事務責任者の任命の要請
営業秘密	秘密管理性の徹底のための、現実的な方針作り
ディスカバリー	「訴訟ホールド」に対応できる経営陣・責任者による対応と実施
インサイダー情報	インサイダー情報に接しやすい役職員による認識

図表 6-2　情報のアセスメント

個人情報	責任ある人間の名前によるガイドライン策定と漏えい対応措置の作成の必要性
特定個人情報	基本方針および取り扱い規程の策定の中での、収集・利用の場面の特定
営業秘密	企業が有する情報の評価
ディスカバリー	データ・マッピングの実施
インサイダー情報	インサイダー情報となるか否かの判断

図表 6-3　統一的な組織的安全管理措置、人的安全管理措置、物理的安全管理措置、
技術的安全管理措置

個人情報	組織的安全管理措置、人的安全管理措置、物理的安全管理措置、技術的安全管理措置の要請
特定個人情報	組織的安全管理措置、人的安全管理措置、物理的安全管理措置、技術的安全管理措置の要請
営業秘密	秘密情報の管理にかかる社内体制の構築と各部門に対する指示
ディスカバリー	文書管理規程、従業員教育、監査の実施
インサイダー情報	インサイダー情報の管理規定、伝達範囲と手続きの整備

2　子会社の管理

　また、個別法の論点では触れなかったが、実際の会社にとっては、子会社についても同様の管理措置を行わせること、また子会社の監査を行うことなどが重要となってくる。会社ごとの CIO などの責任者の選任と、その責任者の相互連絡および連携による協力が、子会社を含めた情報マネジメントのためには必要と言える。

　さらには、海外に子会社を有する企業にとっては、海外子会社の管理というのも重要な課題として認識されなければならない。海外子会社、特に国際的な M ＆ A などによって新たに子会社となった企業については、えてして情報管理に対する

管理まで目が行き届かないものである。しかし、情報管理に関しては、把握できていない部分があること自体が重大なリスクを引き起こす。綿密かつ長期のコミュニケーションを取ることにより、海外子会社の情報管理体制に関しても親会社と同様の水準となるようにする努力が必要となる。

3 「情報を捨てる」ことも考える

　情報マネジメントの観点からは、文書を管理するうえで、「なるべく情報を集めない、捨てる」という発想も重要である。これは、ディスカバリー対応の文脈では最も顕著である。ひとたびディスカバリーの手続きに入った場合には「持っているものはすべて開示する」ことが前提となるのであるが、逆に言えば「持っていないものは出せない」という対応も有効だからである。過去の情報を早めに廃棄するというサイクルを有することが、結果的にはリスクの低下につながる。

　また、個人情報保護の観点からも、「利用目的に必要な最低限の情報を収集する」「目的が達成された場合は廃棄する」という取り扱いが、漏えいなどの事案が発生した場合の事案の規模、損害の程度の縮小につながる。データ分析のために必要な情報については、匿名化の処理を行うなどの柔軟な処理が求められる。

第7章

現代の情報マネジメントと
セキュリティの関係

1 物理セキュリティと サイバーセキュリティ

　昨今、人々が「セキュリティ」と聞けば「ハッキング」「サイバー攻撃」などのワードが連想されるようであるが、この言葉には「安全保障」という意味をも内包されている。国家に対する脅威に対していかに対応するか。軍事的なオピニオンを除いたうえで一般企業に対してこの概念を透かして見ると、その性質は物理セキュリティとサイバーセキュリティに、大きく分類することができるだろう。近年では、米国大統領選挙戦への何者かの介入や、内部犯行による告発サイトへの国家機密の持ち出しなどが話題となったことから「サイバーセキュリティ」への関心が高まっている。自動運転やAIの発達を考えると、人々がサイバー攻撃を身近な恐怖として感じるのは至極当然の事象なのかもしれない。しかし、「安全保障」という解釈からセキュリティを考えた際には、物理セキュリティ、サイバーセキュリティというそれぞれの概念は、合わせて考える必要があることがわかる。

図表 7-1　セキュリティの概念

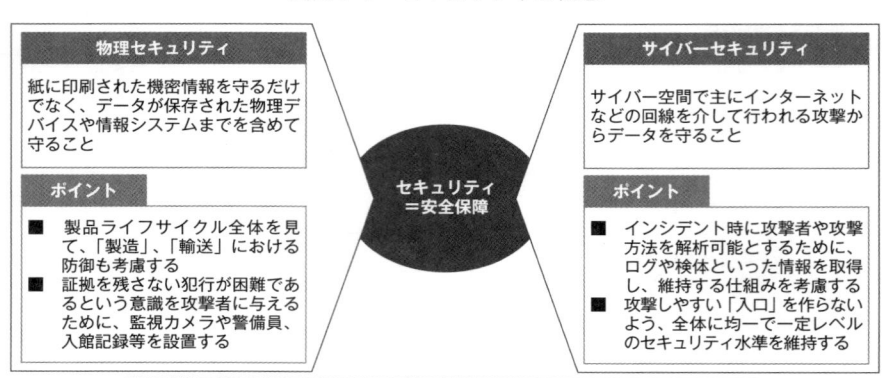

(1)　物理セキュリティの場合

　物理セキュリティと聞いてまず何を思い浮かべるだろうか。壁の厚さや有刺鉄線の配置、監視カメラの設置など、さまざまなことが思い浮かぶだろう。第1章でも触れたとおり、アメリカ国防総省（DoD）は機密情報（CI：Classified Information）の取り扱いについて、米大統領令 12829 号により発行された NISP（National Industrial Security Program）、そしてその運用マニュアルである NISPOM（NISP Operating Manual）に基づいた運用を要求している。部外者やアクセスに必要なレベルの権限を持っていない人物による不正な物理的アクセスに対しては、当然ながら物理的に対処する必要がある。NISPOM の 8-308. Physical Security には以下の記述が存在する。

- 情報システムへの不正アクセスや、ハードウェアとソフトウェア双方の不正改造を防止、または検出するためのセーフガードが確立されなければならない。すべての機密情報が情報システムから削除された場合でも、遠隔機器を含むハードウェアの完全性は常に維持されなければならない。

- 機密情報の処理は、CSA（Cognizant Security Agency）が承認した物理領域で行われるものとする。
- 人間が読める形式で情報を表示、または出力するデバイスは、権限のない個人が情報を読み取ることを防ぐように配置する必要がある。
- 情報システムを含むエリアへの付き添い人のないアクセスを許可されたすべての人員は、適切なセキュリティクリアランスを持たなければならない。

　これらの記述からは、紙に印刷された機密情報などの直接的かつ物理的な攻撃に対する要求事項に加えて、機密情報を内包する情報システムへのアクセスに対する物理セキュリティが重視されていることがうかがえる。SP800シリーズでも、しばしば物理セキュリティについての記載が存在するが、情報化が飛躍的に進んだ昨今では、重要情報の多くはデジタルデータ化し、情報システム内に保管することがほとんどであり、それらに対する物理的な攻撃に備えることを、物理セキュリティと総称することが一般的である。

　例えば、社内のサーバールームが施錠されていなければ、退職を決意した従業員が、その内部にあるハードウェアを破壊したり持ち出したりすることも簡単にできるだろう。社外にあるデータセンターに警備がいなければ、他社のデータセンターに入館し、サーバーから直接機密情報を取り出すこともできる。このようなことを防ぐには、社内であってもアクセス制御を徹底することや、データセンターの警備は、入館記録などを含めて厳重に行わなければならないことは明白である。

　また、内部犯行というきわめて強力な攻撃手法について、物理セキュリティという概念で検討する場合には、「けん制と抑止」というキーワードが重要となる。内部犯行の特徴として、たとえ機密情報が窃取されることを防げたとしても、その事実が一般に知られた場合には会社の信用に大きな傷がつくことは疑いようのないことである。では、いかに犯行にいたる気力を削ぐか。これが「けん制と抑止」の考え方である。監視カメラや警備員などを配置することで、

「常に見られている」という意識を従業員や関係者に持たせ、機密情報の持ち出しや情報システムへの破壊行為などを、行う気をそもそも起こさせないという事前対策が、外部からの攻撃はもちろんのこと、内部犯行対策には特に求められる。さらに事後対策として、入退室の履歴を取ることや、機密情報へのアクセス履歴などを細かくトレースし管理することで、内部犯行に成功したとしても、「最終的には特定されてしまう」という心理を植え付けることも重要である。

　では、部外者に対してはどのような点で新たな対策が求められるのか。物理的攻撃のエキスパートの多くが取る方法として、ハードウェアに対して直接タンパリングを行い、回路の書き換えや、新たな盗聴機能の付加により機密情報にアプローチすることが多い。

　前述のとおり、情報システムを内包するハードウェアへのアクセスを固く守ることも重要であるが、そのハードウェアが守りを固めた堅牢なビルやデータセンターから施設的防衛策の管轄外に置かれるという、物理的攻撃を行う者にとって格好のタイミングが存在することを見落としてはならない。それは、「製造」「輸送」を行っている間である。ハードウェアの製造時、輸送時には、単なるハードウェア製品としての扱いしか受けておらず、そこに今後は機密情報が保管されるのか、もしくは既に内包されているのかなどといった点はまったく意識されていないケースが、決して少なくない。

　このような有様であるがゆえに、多くの企業で使用されている製品に製造段階でバックドアが仕込まれている。最近報道されたことからもわかるように、メーカーや一部の機関はそのバックドアに対していつでもアクセスが可能であり、当然、そこに機密情報が格納された場合には、その機密情報の窃取や盗聴が可能である。そしてまさにこの手法で機密情報が窃取された例が実際に存在する。これは、メーカー側の故意である可能性もあるが、製造ラインに対する物理的攻撃であった可能性もゼロとは言い切れない。

　輸送時についても同じことが言える。輸送業者内部、もしくは輸送業者にな

りすました何者かが、輸送時にトラックの中や貨物の集積所で、機密情報が含まれるハードウェアを解析し、前述したような回路の書き換えや不正なソフトウェアのインストールを行う可能性も十分に想定しておくべきであり、これらはすべて物理セキュリティの概念に含まれる。

　SP800 シリーズや NISPOM などでは、既にこれらの対策要求が含まれている。この視点から見ると、ハードウェアの選定、調達、輸送を行う際に、ハードウェアメーカー、輸送業者がこのような物理セキュリティに対しても有効な対応策を講じているか否かを判断するところから、物理セキュリティは始まっているのである。既に DoD なども利用している FedEx や UPS では、輸送時の物理セキュリティを売りに、機密性の高い輸送業務でシェアを伸ばしている。多くの日本企業において、ISMS などにより部外者に対する対策は意識されているものの、物理セキュリティにおいて最も重要な要素である内部犯行や、ハードウェアに対する製造時、輸送時の攻撃などの一部の高度な物理的攻撃については、まだまだ対策の余地が残されている。

(2)　サイバーセキュリティの場合

　では、サイバーセキュリティの場合はどうだろうか。物理セキュリティとサイバーセキュリティの圧倒的な違いは、部外者によるアプローチのしやすさと、アプローチ方法の多さである。物理的に企業の機密情報を窃取したい場合には、前述のようにハードウェアや、オフィス内の紙情報など、何らかの形でアクセスが限定された保管環境に対して物理的なアクセスを行う必要があり、これにはゲートを突破するなど、アプローチ方法がかなり限定される点に特徴があった。

　これに対して、サイバー攻撃を考えた場合には、機密情報を扱っており、かつインターネットから攻撃が可能な端末は組織内外問わず無数に存在するうえ、それらのすべてに対して一定のセキュリティ水準が満足に満たされている

企業は、かなり少ないと言える。そのため、攻撃のアプローチ方法は物理的な攻撃に比べて非常に多く、それは攻撃成功確率が非常に高いということを意味している。さらに厄介なことに、物理的攻撃の場合には、監視カメラや入国管理情報、指紋などといった、後に攻撃者の特定に利用可能な証跡が残されていることが見込まれるが、熟練したサイバー攻撃者の場合には、これらの証跡はほとんど残らないため、その捜査には莫大な時間と、攻撃者と同等かそれ以上の知見を持った解析者への依頼が必要となる。

　筆者が過去に担当したある大手重工系企業のインシデント・レスポンスでは、行われた攻撃がきわめて高度であり、投入されたマルウェア（検体と呼ぶ）も一般的には出回っていないオリジナル・コーディングされたものであったために、攻撃者の特定は困難をきわめた。しかし、ここで書いておきたいことは、莫大なコストと高い技術力を持った専門機関への依頼が可能な状況下であっても、攻撃に関するログや攻撃に使用されたマルウェアが最低限保管されていた場合には、時間はかかるものの、攻撃者を特定することは不可能ではない、ということである。ただし、多くの企業がこのコストを嫌うせいで、解析を依頼すると腹は括ったものの、依頼先に「情報不足だ」と解析を断られる、もしくは「被害状況の洗い出しと侵入経路はご依頼のスコープに含むが、攻撃元については推測の域を出ないことを了承してくれ」との返答が返ってくることが非常に多い。

　では、サイバー攻撃を行う際に、当の攻撃者には、証跡を残さないようにするために同じようなコストが発生しているのだろうか。答えは「ノー」である。情報社会へのシフトや、報酬の支払いに暗号通貨が使われ出したことで、近年、サイバー攻撃に必要なツールや情報の販売は一大ビジネスとなっている。アンダーグラウンド・マーケット、ディープ・ウェブ、ダーク・ウェブなどさまざまな呼ばれ方をするが、サイバー攻撃を生業とする専門業者で特に専門的な知識を持たないチームの多くは、このような場所で攻撃に必要なツールやオペレーション・マニュアルを購入する。そしてこのような要求に応えることを生

業にする者もまた、存在する。彼らは、数日前に発見されたばかりの攻撃手法や、メーカーやセキュリティ・ベンダーすらもまだ知りえない「ゼロデイ」と呼ばれる未知の脆弱性を突く攻撃コードなどを含む、極めて高度な攻撃を、攻撃対象の URL や IP アドレスの入力と数クリックで実施できてしまう簡便なツールを販売し、時には、対象のシステムのコントロールを得るところまでを代行することさえある。それらのツールには丁寧な説明が PDF と動画解説の形で付属しており、チャットによるサポートまで付加されている場合があるから驚きだ。ごく一部の高度な、証跡を残さないような攻撃を行うことが可能な人物が技術協力して作成されたツールを、説明書のとおりに操作しさえすれば、証跡をほとんど残すことなく、攻撃をその人物と同じようにいくらでも行うことが可能なのである。その際の攻撃ツールの購入コストは、被害を受けた企業の損失や、そこから得られた機密情報を売りさばいた後の利益と比べれば、何ということはない。数千円で購入できるカスタム・マルウェアも存在するくらいだ。

　この現状から、我々はサイバー攻撃への防衛に対して何を考えるべきだろうか。それは、攻撃者と同じ状況を防衛側にも作り出すことだと言えるだろう。最新の攻撃手法や防衛手法の共有をはじめとして、証跡をいかにかき集めるか、攻撃者の特定に有用であるが攻撃者がまだ気づいていないような証跡の取得方法をいかに開発するか。そして何よりも、いかに侵入をされないか、侵入をされた際にそれを検知し、対応できるかが重要である。これらを実現するためには、多くの攻撃手法と防衛手法を知ったうえで、社内環境を体系立てて均一に対応させる必要がある。

　前述のとおり、攻撃者にとっては攻撃の入口など無数に存在している。しかし実は、その無数の入口すべてに対して均一なセキュリティ水準が存在した場合には、実質的に攻撃アプローチは絞られることとなる。このような体系立てられた均質なセキュリティや、連続した攻撃アプローチの失敗は、サイバー攻撃者に対して、物理セキュリティの場合と同様に、「けん制と抑止」となる。

堅牢でかつ、攻撃者特定に必要な証跡が記録されている可能性の高いシステムや企業に、わざわざ攻撃をしかけようと考える攻撃者は少ない。こういう状況ができてようやく、攻撃を行う事例について、侵入後の検知、対応で攻撃自体の防御と侵入後の感染拡大防止、並びに情報の外部持ち出しや不正操作に対する対策が生きてくるのである。

(3)　垣根がなくなる物理セキュリティとサイバーセキュリティ

　物理セキュリティとサイバーセキュリティには、明確な違いとして空間の概念が存在するが、前述のとおり、デジタル化がここまで浸透した現代社会においては、その垣根はないに等しいと言える。物理セキュリティをおざなりにしては、サイバーセキュリティを高い水準で運用していたとしても、物理的攻撃は防げない。逆に、物理セキュリティを高い水準で運用していたとしても、それだけではサイバー攻撃は防げない。

　このバランスが顕著に表れる場として、物理的制御を内包する重要インフラストラクチャ・システムのセキュリティ対策があげられる。「サイバー攻撃対策」の掛け声のもと、膨大な資金を投じてサイバーセキュリティ対策が行われてきたが、内部犯行者にあっけなくサーバーラック内の記憶装置を持ち出されてしまったなど、一般的な企業においては、サイバーセキュリティへの投資よりも物理セキュリティへの投資のほうが見落とされがちである。しかし、重要インフラストラクチャ・システムでは逆のことが起き始めている。

　物理的制御を伴うシステムには PLC（Programmable Logic Controller）が用いられることが一般的であり、それらをオペレーションするための情報システムが存在する。それらの情報システムから PLC に対して、必要な動作を行うように設計されたプログラムが転送され、PLC はそれに従ってゲートの開閉やセンサーデータの取得、それらへの対応等、さまざまな制御を実施する。長らくこれらのいわゆる制御系システム・制御系ネットワークは、以下の3点

を担保として、サイバー攻撃の直接的な標的になることはないと考えられてきた。

- 専用 Operating System（OS）：一般的ではない OS を使用しているために、公開脆弱性情報等で収集できるような汎用的なサイバー攻撃の影響は受けない。また、新規で攻撃を設計する場合にも、深くシステムを知っている必要がある。
- 専用プロトコル：一般的ではない通信プロトコルを使用しているために、一般的な通信プロトコルに有効な盗聴方法や改ざん方法が、詳細なプロトコルの設計情報が明らかでないままでは流用できない。
- アクセス困難性：直接インターネットへはつながっていない（と思っているだけであるケースがほとんど）ために、万が一脆弱性があったとしても、特定の施設の特定の制御系システムに対して攻撃を行うには、相当な情報収集が必要である。

しかしこれらの前提は既に通用せず、担保として機能していないのが現状である。専用 OS と専用プロトコルについては、2011 年ごろから開始されたハッキングオペレーション「Op Dragonfly」とその後継である「Dragonfly 2.0」により、ハッキング集団が、制御系システムの開発元である企業に対してサイバー攻撃を実施し、専用 OS と専用プロトコルについての詳細な情報を含む機密情報を大量に入手している。アクセス困難性についても、インターネット上に露出しているあらゆるデバイスを検索できるエンジンの登場や、一部の内部犯行による持ち出しなどによって、攻撃アプローチが十分可能な距離に攻撃者が存在すると考えるのが妥当である。

実際に、重要インフラストラクチャへのサイバー攻撃は実施され、結果として被害も出ている。最も有名な例として、2010 年に行われたイランの核燃料施設へのサイバー攻撃があげられる。この例では、Stuxnet と呼ばれるマルウェアが、インターネット経由か、もしくは仮にインターネットから隔離されてい

る端末であった場合には USB メモリ経由で、次々に大量の端末に感染する。そして、感染先の OS が Windows であり、ドイツ Siemens 社の SCADA システムを使用しており、インターフェースも同じく Siemens 社製 の PCS7/WinCC（STEP7）であること、そして物理的に周波数変換装置を制御する PLC へつながっていることを条件として、動作を開始する。このように、ワーム型と呼ばれるような無数に感染が広がるタイプのマルウェアに対して、わざわざ動作開始の条件を設定していたということは、明らかに、特定の標的へたどり着くことを目的として、結果的にワーム型を手段として採用したのだと推測される。そして、イランの核燃料施設に侵入した Stuxnet は、制御できる周波数を一定期間ごとに変化させることで、遠心分離機の回転速度を一定の時間、異常に上下させた結果、核燃料施設で使用されていたアルミニウムチューブに通常では想定されない負荷を掛けて膨張させ、それらを相互に接触させることで遠心分離機数十台を破壊した。

　この例は、前述した「専用 OS」「専用プロトコル」「アクセス困難性」の 3 つの担保を、制御系システムと制御系ネットワークが失ったことを示し、多くの関係者を恐怖に陥れたと同時に、世界中のサイバーセキュリティ研究者、そして攻撃者の興味を惹いた。この一件で注目されたのは、その攻撃経路である「USB メモリ経由で攻撃が可能なのであれば、インターネットから隔離されているか否かは、サイバー攻撃の可否に影響しないということか」という点である。当社にもこのような問い合わせが多く舞い込んだことを覚えている。

　そうなると、やはり考えなければならないのは、物理セキュリティとサイバーセキュリティの両方の一定水準化である。電力施設等の重要インフラストラクチャについても、サイバー攻撃の可能性は十分にある。このことを認識したうえで、個人で持ち込んだり拾ったりした USB メモリを業務端末、特に制御系システムとつながっているシステムには接続させないことや、ここでもまた内部犯行の可能性を考慮し、そもそも外部の USB 端末は動作させないように制限を掛けるといった地道な道のりこそ、使用者にとって不便ではあるが、攻撃

者に対する「けん制と抑止」となるのだ。後は、制御系システム自体が USB メモリ経由の攻撃や、インターネット経由のワーム感染を前提とした設計になることを望むばかりである。

　イランの核燃料施設のサイバー攻撃事件以降にも、インフラストラクチャに対する攻撃は多くの事例が報告されており、その攻撃経路がインターネット経由であるものも少なくはない。これには IoT（Internet of Things）化の波が影響しているのかもしれない。センサーデータの収集や遠隔監視等に必要な回線を引き込むことにより、間接的にインターネットにつながっているシステムは数多く存在すると推測される。ただし、これまで発生している事例のほとんどは、制御系システムに対して命令を発する情報システムへの感染による「不正操作」であることを念頭に置く必要がある。とはいえ、直接的に制御システムの脆弱性を突く攻撃手法についても、国際セキュリティ・カンファレンス等では発表されており、そのような手法を用いたきわめて高度な攻撃も観測されている、という事実についても合わせて認識することが必要である。

2　企業戦略上最重要課題となるセキュリティ対策

⑴　セキュリティ対策は他者（社）のために行う

　日本企業がグローバル・マーケットに進出する、もしくは諸外国との取引を行う場合の企業戦略として、セキュリティ（ここでは物理セキュリティとサイバーセキュリティの両方の）対策が最重要課題であることは言うまでもない。

　「米国や EU で必須とされているため、それらと取引をする際には必須になるのだ」というのが装飾のない意見であるが、この言葉だけだと、「消費者」「ユー

図表 7-2　他者（社）のためのセキュリティ

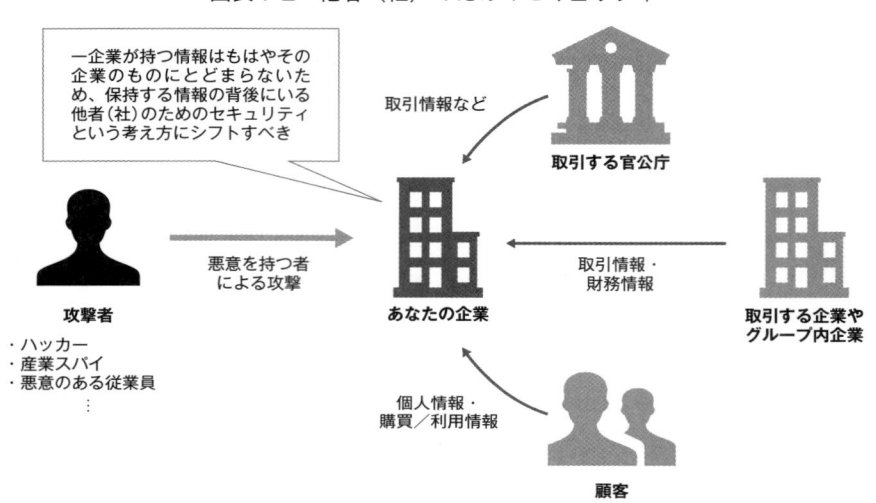

ザー」という存在を無視していることにはならないだろうか？　基準が存在するからセキュリティ対策を行うのか？　罰則があるからセキュリティ対策を行うのか？

　セキュリティ対策とは、消費者の情報や消費者自身を守るという側面も当然存在する。サイバー攻撃により、自社の機密情報のみが危険にさらされているのであれば、セキュリティ対策とは任意であるべきだ。

　しかし、現実はそうではない。1つの企業がサイバー攻撃を受ければ、その企業と取引をしていた企業の営業機密情報も危険にさらされる。その企業が個人情報を収集し、管理していたとするならば、個人情報を提供したすべての人々に対してセキュリティ対策を行う義務を、その企業は負っている。堅牢なA社の機密情報を奪取するために、A社の取引先企業であるという条件だけで無差別に攻撃を行うなどといった方法は、サイバー攻撃に関する研究者コミュニティの間では、既に広く知られた事実なのである。

　このような事実が広く一般に普及した際には、果たして自社の重要な情報を、

これまでどおりの秘密保持契約の内容で、提携先、委託先に開示するだろうか？セキュリティ対策とは自社のためであり、他者（社）のためなのである。この事実は特に不特定多数の個人情報を扱うような業種の企業は特に認識すべきである。

　2013 年以降に、数百件、時には数億件という単位のアカウント情報の流出が多発した。これらはメガ・ブリーチと業界では呼称されている。メガ・ブリーチによる被害もまた、攻撃を受けたサービスのみにとどまるものではない。この言葉を、日本人に実感を持って伝えた事件が 2013 年に発生した。日本にも同ブランド名を掲げて WEB サービスを展開する米国大手インターネット企業から、30 億件もの ID 情報が流出した。まずこの数字の大きさに、多くの人々が恐怖を感じたのではないだろうか。この規模と同等の流出事件は、それほど多くは発生しているわけではないが、数百万件、数千万件規模のアカウント情報流出は他の大手企業でも発生しており、その度に「パスワードは暗号化されていた」「平文（そのまま読めるテキスト状態）の ID とパスワードが流出」などの詳細な報道がなされた。

(2)　アカウント情報の使い回しの問題

　ここで、昨今よく取り上げられ、啓蒙活動も盛んに行われている、アカウント情報の使い回しについて考えてみたい。A 社が運営するメールサービスと、B 社が運営するソーシャルネットワーキングサービス、C 社が運営するグルメサイト、などのすべてのアカウントに関して同じ ID とパスワードを使用している人はいまだにあとを絶たない。

　そのような状況のもとで、C 社にサイバー攻撃が実行され、登録者の ID とパスワードの両方がともに平文で流出したとしよう。C 社は「弊社のサービスに個人情報等の機微な情報を登録することはなく、また、何らかの情報等の発信を行うような機能はないため、万が一不正にログインが行われたとしても、

個人情報漏えいやなりすましなどといった甚大な被害を引き起こすことは考えづらい」という見解を持っていたとする。

　数日後、アンダーグラウンド・マーケットに出回ったそのリストを、他の攻撃者が購入し、その ID とパスワードの組み合わせに基づいて、A 社が運営するメールサービスに対して、辞書攻撃（事前に知りえたパスワードもしくは ID との組み合わせを試行する攻撃）でログイン機能を攻撃された場合には、たとえ A 社自身が高いセキュリティ水準を設定し、多額の投資を行って、アカウント情報の保護に努めていたとしても、アカウント情報を流出させた C 社と同じ ID とパスワードの組み合わせを使い回していたユーザーは、C 社の見解とは裏腹に、結果として A 社のメールサービス内に保管されているメールを閲覧されたり、勝手にメールを送受信されたり、挙句はなりすましまでされてしまう可能性すら発生しうるのである。

　さらに、少し専門的な内容にはなるが、もう 1 つこの例を用いて別のストーリーを考えてみたい。アカウント情報流出をした C 社に加えて、B 社もアカウント情報流出をしたとする。ただし、B 社の場合には、パスワードについては平文ではなく、ハッシュ化（不可逆な一方向関数、簡単に言えば、膨大な量の計算をしなければ元の平文を取り出すことができない状態）されており、さらに、万が一レインボーテーブル等の攻撃手法によりハッシュ化が特殊な総当たり攻撃を受けて、解かれる可能性がある場合にも、それらに対抗すべくソルト（ハッシュ化する以前のパスワードの前後に付加する文字列）を付加していたとする。この場合には、B 社は C 社に比べて、ソルト付ハッシュを解くことは、大きなコストが掛かるために、流出情報を流用される可能性が低くなると考えられる。では、ソルト付ハッシュ化を行っていた B 社のアカウント情報の中に、C 社から流出した ID とパスワードが平文のアカウントを使い回していると思われるアカウントが、相当数存在した場合はどうだろうか。専門知識をお持ちの読者は、もうお気づきだろう。「user123456」という ID のパスワードが「password」という文字列だった場合、SHA256 というハッシュ・アル

ゴリズムに基づいてソルトなしで、ハッシュ化された際には、

　　　5e884898da28047151d0e56f8dc6292773603d0d6aabbdd62a11ef721d1542d8

という値になる。しかし、B社のソルト付ハッシュの値は、

　　　3110475e781c28637c74103ad8b83781200ba8c1f884dfc834829c236ed2a0de

となっていることが、リストの突合から読み取れたとする。この時には攻撃者
はパスワードの前後にソルトを総当たりで付加してハッシュを再生成し、B社
の流出情報の値と同じ値になるかを計算する。その場合には、元のパスワード
の平文、ハッシュ・アルゴリズムの種類を知っている必要があるが、多くの場
合にハッシュ・アルゴリズムの種類はハッシュのフォーマットにより推測でき
る。今回のストーリーでは、攻撃者は既にC社の流出情報に基づいて平文の
パスワードが既に明らかになっているB社から流出したソルト付ハッシュを
大量に用意することができるため、「[C社から流出した平文][推測されるソ
ルトの総当たり]」という組み合わせの文字列をハッシュ・アルゴリズムにか
け続けることでソルト文字列を、現実的な時間内で算出することが可能となる。
この例であれば、

　　　3110475e781c28637c74103ad8b83781200ba8c1f884dfc834829c236ed2a0de

というソルト付ハッシュの平文は「password:654321resu」であることは、高
速な計算能力を持つプログラムとハードウェアであれば、数時間で突き止める
ことができる。こうして突き止められた、平文のソルト付パスワードを見てみ
ると、アカウントごとに違うソルトが付加されていることに気づく。

　しかしよくソルトを見てみると、「user123456」というIDのソルトは
「password:654321resu」という具合に、ユーザー名の反転文字がそのまま使用
されていることに気づく。さすがにこのような単純なソルトを設定するシステ
ムは少ないであろうが、より複雑なルールがあったとしても、一定量の組み合
わせを収集することで規則性を予測することは可能であることは、多くの研究
者の論文により裏付けられている。実際にこの手法を用いたと思われる事例と
して、ソルト付ハッシュ化が施されていたはずのアカウント情報の平文バー

ジョンが、2013 年以降のメガ・ブリーチ以後、頻繁にアンダーグラウンド・マーケットに登場しているというものがあげられる。

3　日本企業が直面している課題

(1)　日本企業のセキュリティ体制の課題

　今、日本企業が直面している課題はまさに、このような攻撃の事例や手法、攻撃者の意思の元になる情報のシェアが十分には行われていないことである。この情報共有の問題の根底には、そもそも共有すべき情報が何なのかがわかっていない、あるいはわかったとしてもそれをいかにして収集、分析すべきなのかを十分に理解していない、という日本企業のセキュリティ体制の問題がある。

　日本企業のサイバーセキュリティへの向き合い方の特徴として、ISMS を筆頭とする何らかの標準や基準への適合、認証の取得を目指す、という姿勢があげられる。しかし、本来サイバーセキュリティとは前述のとおり、自社のためであると同時に「消費者」や「ユーザー」ひいては「関連企業」「関連産業」のために投資すべき領域であり、個社は利己ではなく利他の精神で、業界等何らかの単位でまとまって互いに支え合うことが求められる。

　実際、攻撃者達は、互いに支え合い、大規模なサイバー攻撃を完遂する。防御側が個社でそれらに立ち向かうことに限界が存在することは至極当然なのである。防御側の企業が支え合ううえで情報共有が如何に重要であるかは、攻撃者のコミュニティの発達ぶりを見ていただければ想像に足ると思う。課題となるのは、シェアできる情報が手元にない企業が大半であるという事実である。自社に向けられたサイバー攻撃の分析結果を、自社の社外秘情報を除いたうえで、もしくは秘密保持契約等を結んだうえで開示することで、類似する業界へのサイバー攻撃に対する免疫力を持ち、その免疫力を強めることが重要なポイ

ントであるのだが、そもそも自社へのサイバー攻撃の情報を満足に収集し、関連性や使用されている攻撃手法などの詳細情報を分析するチームを自社で抱えている企業は数少ない。

(2)　サイバー攻撃にはクラウド化で対策をする

　では、我々はこの現状をどう乗り切ればよいのだろうか？　また、世界は今、どのような方向に進もうとしているのだろうか？

　既に問題の解は第1章に示されている。FedRAMPをはじめとするクラウド化の流れである。その利点は「集約」と「均一性」の2点である。当然ながら、サイバー攻撃に関する手法を知らなければ、有効な防衛策を講じることはできない。そうであるならば、いかに多くのサイバー攻撃を観測し、分析できるかが鍵となることは想像に難くない。

　理想を語るのであれば、このサイバー攻撃の観測と分析を個社が行い、それらを何らかの集合体が集約して統括管理することで実現されるべきである。しかし、一部の大企業を除いて、そのような体制が整っていないことはご存じのとおりである。そうであるならば、そのようなサイバー攻撃の観測と分析に満足のいく体制が整っていない複数の企業の情報システム群を、体制が整っている1つのクラウド業者が提供するクラウドに集約してはどうだろう。複数社に向けられたサイバー攻撃を、同じ粒度、同じフォーマットとまではならずとも、きわめて互換性のある形で、観測し、その後の分析をスムーズに行い、結果として考え出された対策は、独自のアプリケーション層の問題を除き、クラウド業者側の対応で、セキュリティ水準を全社均一に保つことができる。

　この概念は既に米大手クラウド業者の多くが実践しているものであり、彼らは日々、膨大な量の、愉快犯から産業スパイ、時には国家レベルのサイバー攻撃にいたるまでの、さまざまな攻撃を観測し、瞬時に分析することをとおして、日々最新のサイバー攻撃の動向とそれらへの対策案の検討を行い、パッチ適応

や利用者への警戒情報の発信などに生かしている。

　ある米政府関係者は「優秀なサイバーセキュリティ人材を、それらを欲するすべての企業に配置することは現実的ではない。であれば、そのような人材をクラウド業者に集約し、その中に情報も集約してしまったほうが幾分か素晴らしい結果を生む」と発言している。

(3)　セキュリティ自給率が新たな課題に

　クラウド化は、貴重な人材に貴重な情報をなるべく多く集約することを加速させる。そして、FedRAMP をはじめとする認証制度の誕生と、それらの調達基準化はセキュリティ水準の「均一性」も高める。前述のとおり、DoD で2017 年 12 月 31 日を期限に、DFARS 252.204-7012 を制定して、DoD と直接的に取引を行っていないサプライヤーを含む全取引業者に対して、DoD が CUI Registry に登録した CUI に該当する情報を扱う情報システムを SP800-171 に準拠させることを要求した。一見無謀にも思える通達であるが、サプライチェーンに対するサイバー攻撃のリスクを考えたときには、DoD が如何に「均一性」を重視しているかをうかがい知ることのできる通達でもある。そして、国内大手 IT ベンダーがこの通達に対して、SP800-171 に準拠したクラウド環境の提供が可能であると、名乗りを上げた。この事例には、「セキュリティ」を「安全保障」と読んだ結果が織り込まれている。当時、その国内大手 IT ベンダー製品を除いて、DoD の要求である SP800-171 への準拠に対応できる国産クラウドは存在しなかった。そうなると、必然的に国内に存在する DFARS 252.204-7012 の対象となる防衛産業に従事するサプライヤーのシステムや、関連する日本独自の情報は、他国の環境に格納されることとなる。

　本書では事細かな法関連の解説は割愛するが、日本の組織が自身のデータを他国の環境に置いた場合には、そのデータが取り扱われている物理的な所在地や、そのデータを管理する企業の国籍などによって、預けてしまったデータの

図表 7-3　高効率な攻撃者側の体制に対応するための課題

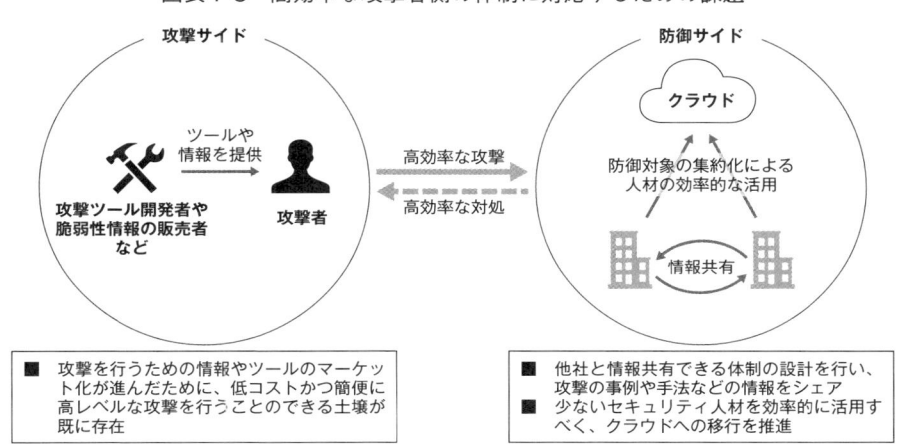

開示対象や条件、それらの解釈は千差万別であり、たとえデータを預けた日本側にはその意図がなくとも、日本独自の、日本政府として他国に開示したくない情報も否応なしにその開示対象に含まれてしまうことになるのである。安全保障の観点から見て、これほど高いリスクはない。国家の、もしくは国内産業にとってきわめて重要な書類を他国の倉庫に保管して、南京錠の鍵は国内に存在するものの、その国が開けようと思えばいつでも開けられる状態であるという状態と何ら変わりはないのである。「セキュリティ自給率」という言葉があるが、この言葉はまさに、SP800-171 に対応したクラウドを国内に提供すると決意した IT ベンダーが掲げている言葉だ。国内でクラウド化を完了するのがゴールではない。サイバーセキュリティ技術の研究開発力の底上げ、それらを生業にできるマーケットの創造・構築こそ、わが国のセキュリティ自給率を支えるものであり、わが国の課題の 1 つでもある。

4 セキュリティ対策をめぐる海外との意識差

(1)　入口が重要か？　出口が重要か？

　海外とわが国の意識差として、サイバーセキュリティにおける「入口」と「出口」に関する考え方の違いがあげられる。入口とは、サイバー攻撃を行う際の、1枚目の扉（First Door）となりうるすべてのものを指す。出口とは、サイバー攻撃や内部犯行などにより、機密情報が社外に持ち出されるときに、経由しなければならないすべてのものを指す。

　日本企業では長らく、入口の多層防御に力が入れられてきた。それは ISMS 認証の全世界での取得企業のおよそ 7 割が日本企業であることからもうかがい知れる。ISMS のベースとなるのが ISO27001 であるが、ISO27001 は、これが書かれた時代の背景も手伝って、「いかに侵入されないか」に重点を置いた構成となっており、侵入後に、いかにそれらを検知し、機密情報を持ち出されないための対応等のアクションを行えるかについての記述が、その比率から見ても少ないのである。ISO27001 は 2005 年に発行されたものである。当時のサイバー攻撃を振り返ってみると、攻撃の巧妙化が加速し始めたとされる 2010 年から遡ること 5 年以前であり、まだまだ汎用的なマルウェアによる愉快犯的犯行が多く、多くのサイバー攻撃は文字どおり、入口対策を強固にすることによって防ぐことができたのである。そして 8 年後の 2013 年には改訂版が発行され、付録として体系的なセキュリティ対策項目が追加されたが、入口と出口のバランス関係に大きな動きはなかった。

　そして、依然として体系的な出口対策が進まないという特徴が日本企業にはある。「攻撃を検知した」というセキュリティ対策製品のアラートのほうが「情報が持ち出されそうになったことを検知した」というアラートよりも圧倒的に

多いのは、残念ながら入口対策が万全であるからではなく、出口対策が不十分
で、検知ができていないからである可能性が高い。実際に攻撃者が利用するア
ンダーグラウンド・マーケットを見て回ると、多くの日本企業の内部情報が陳
列されているのを目にする。タクシー代を精算するための申請フォーマットま
で手に入れることができるのだ。

　では、海外ではこの「入口」と「出口」に関するバランスはどのように浸透
しているのだろうか。その違いは産業構造にある。ここでは米国やイスラエル
といった国々の例を見てみよう。それらの国々では、新しいサイバーセキュリ
ティに関する要素技術に対して、ベンチャーキャピタルが多額の資金援助をし
たり、大手セキュリティ製品ベンダーが、その技術を買い取ったりといったこ
とが実施されている。サイバーセキュリティを新たな産業として着実に成長さ
せ、ベンチャー企業の誕生を促進しているように映る。このような産業的背景
が存在する場合には、「同じような製品を作っていては売れない」という市場
原理が働くのである。その影響で、当時既に多く存在した入口対策の技術では
なく、まだ参入業者の少なかった出口対策という概念に注目した製品や要素技
術の開発に力を注いだベンチャー企業が必然的に投資を受けられ、要素技術を
買い取ってもらえるという状況になった。

　この流れを受けた結果、入口と出口という概念の二項対立という点では、わ
が国よりもバランスの取れた製品や技術、市場になってきたのである。現在も
この原理は有効であり、新たな領域へのチャレンジが行われ続けている。入口
と出口のどちらを重視すべきかではなく、いかに双方の技術力を自給するかが、
各国の課題である。

(2)　経営課題か？　情報システム部門の課題か？

　ここまで、「安全保障」や「国家」といった、大きな概念からサイバーセキュ
リティを考えてきたが、ここでは「個社」の単位でサイバーセキュリティにつ

いて考えてみる。個社のサイバーセキュリティとは、経営課題であり、経営企画部や経営層が主体として考えるべき課題であるのだろうか？　もしくは、システム部門の課題であり、セキュリティ部署を新設することで、彼らが考えるべき課題であるのだろうか？

　昨今のサイバー空間を取り巻く、攻撃者のモチベーションや法整備などを鑑みると、答えは間違いなく前者である。これまでアナログな知的犯罪を生業にしてきた知的犯罪集団が、より安全で効率的な手段としてサイバー攻撃を選択し、さらに、それをバックアップする市場が存在するというだけではなく、マーケットとして十分に成り立っている。そして法整備は、罰則や市場からの締め出しを伴う形で急速に整備され始めている。この現状はすなわち、経営課題そのものであると言えるだろう。サイバーセキュリティに関する経営者の基本的な知識と、実働部隊となるセキュリティの専門知識を有する部署とその責任者であるCISO（最高情報セキュリティ責任者）の設置は、今後は、すべての企業にとって必須となる。それはたとえクラウド化が加速したとしても、必須であり続ける。なぜなら、そのような体制がなければ、クラウド化の必要性すら理解に至らず、気づいた頃には市場から締め出され、ビジネスチャンスを失っているからだ。

　クラウド化はビッグワードであり、今後もその方向へと世界がシフトすることは決定的である。このとき、攻撃者がそれに追従しないとは考えられない。ここまで産業化してしまうと、攻撃者たちもまた、彼らの生活をかけて、新たな攻撃手法を模索し、トライをしてくるだろう。その際に最新の動向を補足できていない企業は、サイバー攻撃という、今後、最大のリスクとなりうるものに永久に対策を打てないままに暗闇を突き進む以外に選択肢はなくなってしまう。今、経営者が理解すべきことは次の3点である。

(1)　サイバーセキュリティ対策は、自社のためであり、他者（社）のためでもある。

(2)　情報と人材の共有と、セキュリティ水準の均一性担保は、サプライチェー

図表 7-4　経営者にとってのサイバーセキュリティ対策

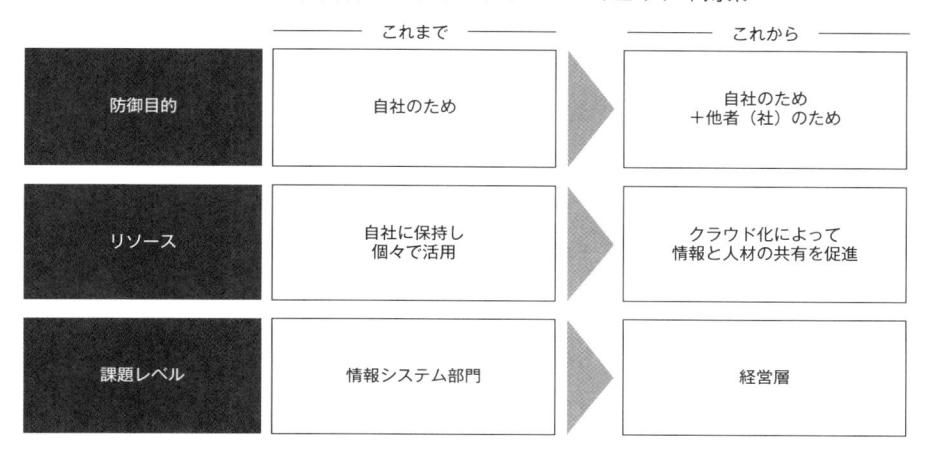

ン・リスクや業界全体のリスクを考える際の喫緊の課題であり、クラウド
化による対応は、この考えに基づいて成長してきた概念である。
(3)　サイバーセキュリティ対策は経営課題であり、今後最大のリスク要因と
なる。

　経営者はサイバー攻撃に対して、正しく理解し、適切な恐怖感を覚えることが
必要である。そして、その恐怖感を悪用して過剰投資を持ちかける業者に付け入
る隙を与えずに対応するための論拠としていただき、わが国のセキュリティ産業
全体を正常な方向に成長させるための一助となっていただきたい。そうした産業
の成長がひいてはセキュリティ自給率の向上をもたらし、わが国のセキュリティ
を日本全体で支え合う構造に変革できるのである。

5　NIST フレームワーク

(1)　NIST フレームワークの概要

　本節では、今後、世界標準となる可能性がきわめて高く、既に米国や EU での調達基準や罰則付き規定にも含まれている、NIST が発行する技術体系について詳しく解説する。第 1 章で触れたとおり、NIST が発行する技術体系はNIST CSF（NIST Cyber Security Framework）を概念思想として掲げている。そこで最初に、NIST CSF の概念について記す。NIST CSF はサイバーセキュリティ対策を「特定」「防御」「検知」「対応」「復旧」の 5 段階でとらえたものである。次にそれぞれの概要について示す。

- ●特定……攻撃を受ける可能性のある資産や、攻撃を今まさに受けている資産を特定する。
- ●防御……事前に特定し、予測されていた攻撃を受ける前、もしくは受けた際に、その攻撃から情報システムを防御する。
- ●検知……「特定」「防御」フェイズを通過して、情報システム内部に侵入を許した場合に、侵入されたという事実を検知する。
- ●対応……検知された侵害に対して正しい対応を行い、感染拡大や被害の拡大を抑止する。
- ●復旧……「検知」「対応」フェイズを通過して、実際に何らかの被害が出た場合に、被害範囲の特定など、適切な処置の後に、早急な情報システムの復旧を行う。

　NIST CSF は「特定」「防御」の 2 フェイズで「侵入前」を考え、「検知」「対応」「復旧」の 3 フェイズで「侵入後」を考える構成と言える。先にもあげたISO27001 と比較した際に顕著に差分が抽出される点は、「侵入後」を考えた「検

知」「対応」「復旧」の３フェイズである。NIST の思想には、サイバー攻撃を
100％未然に防ぐことは不可能であるという前提が存在し、そのことで侵入前
と侵入後を切り分けた概念体系となっているのである。これら５つのフェイズ
には次のようなカテゴリーが存在する。

- 特定……資産管理、ビジネス環境、ガバナンス、リスク・アセスメント、
  リスク管理戦略
- 防御……アクセス制御、意識向上およびトレーニング、データ・セキュリ
  ティ、情報を保護するためのプロセスおよび手順、保守、保護技
  術
- 検知……異常とイベント、セキュリティの継続的なモニタリング、検知プ
  ロセス
- 対応……対応計画の作成、伝達、分析、低減、改善
- 復旧……復旧計画の作成、改善、伝達

日本企業において、NIST CSF を適応しようと考えた場合に多く見られるパ
ターンとしては、やはり、「検知」「対応」「復旧」部分の不足があげられるこ
とが多い。ただし「復旧」については、大企業であれば、国内外の複数拠点で

図表 7-5　セキュリティ対策の各レベルに対応した NIST 発行文書

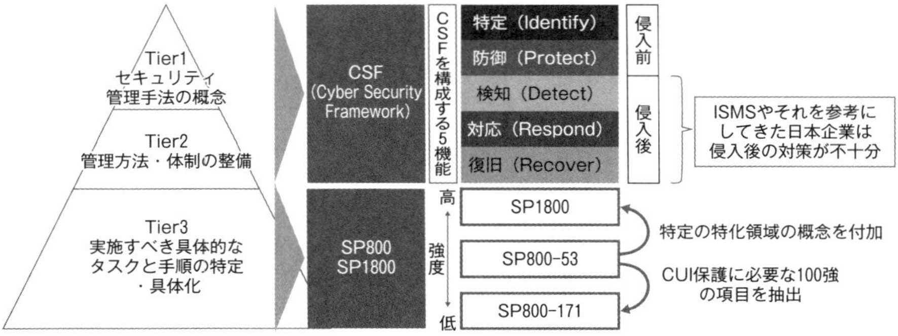

のバックアップ体制が存在する場合や、BCP 計画に復旧計画が細かく整備されており、既に NIST の求める対策概念に沿う形になっている場合も少なくない。

さらに細かく差分を分析した場合に、日本企業が NIST の思想に理解しづらさを感じる点が、「訴訟を前提とした徹底的なエビデンス収集と責任所在の追及、ログの収集」と「内部犯行を想定した情報システム内部と出口対策」であることがわかる。訴訟文化を背景に作成された NIST CSF の概念には、サイバー攻撃を受けた際、もしくは受けたのではないかと疑われた場合に発生する訴訟をも、サイバーセキュリティの脅威として定義し、その対策が概念レベルで盛り込まれている。先にあげたようなカテゴリーで実施される対策方法が、NIST CSF の概念に即していることはもとより、誰がその対策を承認して、その責任の所在は誰にあるのか、誰が運用し、それを誰が監督するのか、それらのすべてを明確にしたうえで、適切な運用が行われていることを証明するエビデンスの収集やログの収集も抜かりなく行わなければならない。さらに、訴訟となった場合には、完全な再現実験が行える粒度で、当時の状況をログとして補完することまで求められる。そうしなければ、十分な対策を行っていたことが証明しづらいのもまた事実である。

このような徹底した訴訟対策などの対外的な側面を持った概念に加えて、多種多様な文化や思想を受け入れる米国らしさであると言えばそれまでであるが、NIST CSF の概念では、内部の人間に対してもその眼を光らせる。内部犯行を抑制するための徹底したアクセス・コントロールの実施、物理的な対策、入社、異動、退職のそれぞれのタイミングでのヒアリングと、責任に対する理解の同意と署名、それに徹底した内部統制も NIST は求めている。そうした際に、やはり重要となる概念が、出口対策だ。たとえ正当な権限を持つユーザーのアクセスであったとしても、その行動が不審であった場合には、それを検知して対応する必要がある。

疑わしきは悪だと言わんばかりの体制であるが、サイバー攻撃が産業化して

しまった現在では、この程度は当然の管理強度なのかもしれない。その証拠として、米国において国家機関などに対しても疑似的なサイバー攻撃を行うことで、そのセキュリティ水準を診断するある著名な機関も、攻撃を行う視点から「きちんと統制のとれたルールが均一な水準で運用されている組織への攻撃は困難をきわめる。遭遇したくない」と語っている。

(2)　SP800 シリーズの概要

　強度という言葉が出たが、NIST CSF の概念に強度の軸を付加したのが、SP800 シリーズと SP1800 シリーズである。一般的に NIST CSF の概念を、Low（低）水準で満たす技術体系が SP800-171、Moderate（適度）で満たす技術体系が SP800-53、そこにさらに特定の特化領域の概念を付加して High（高）水準で満たした技術体系が SP1800 シリーズであると定義されている。

　実際には、SP800-53 が軸となっていると言ってよいだろう。SP800-171 は SP800-53 のコントロール項目から、CUI 保護に必要なコントロール項目について 100 強の項目を抽出したものであり、米国政府組織での調達基準となっている FedRAMP についても、SP800-53 のコントロールを組み合わせ、要件を追加することによって構成される。FedRAMP には、さらに 3 段階の強度レベルが存在し、それぞれ Low、Moderate、High と分類され、リファレンスされる SP800-53 のコントロール項目の数量に大きな違いがある。SP1800 についても、多くのシリーズで SP800-53 のコントロールをベースとしている。

　ここで、それぞれの強度についての NIST の見解を説明する。強度と聞くと「強弱」を考えがちだが、NIST が使うそれには違った解釈が必要だ。SP800-171 が 100 強のコントロールであるのに対して、SP800-53 はエンハンスメントも含めると 1,000 に迫るコントロールが存在する。しかし、彼らは、「SP800-53 は、連邦政府機関が機密情報（CI）を保護するために開発された技術体系であるが、機密情報以外の重要情報（CUI）の保護をするために開発された

SP800-171 が、SP800-53 よりも項目数が少ないからといって、サイバー攻撃に対するケーパビリティを妥協したものではない。その差は、NIST が提唱するサイバー攻撃からの防衛方法（NIST CSF）を実装する際に採られる、もしくは採るべき実現方法についての違いなのである。連邦政府組織が採れる実現方法と、一般企業が採れる実現方法が、異なるのは当然のことである」としているのだ。

　つまり、SP800-53 を使用しても、SP800-171 を使用しても、サイバー攻撃に対する対応ケーパビリティに違いはなく、ただしその実現方法に差があるという解釈だ。これには、サイバーセキュリティが、自社のためだけではなく、他者（社）のためでもあるという概念がうかがえる。

　連邦政府組織やそれらに関連する企業や機関、重要インフラストラクチャシステム、一般企業のそれぞれが適切な投資量で採れる最良の、NIST CSF を満たす技術体系がそこには記されているのだ。しかし、SP800 シリーズの各コントロール項目を見てみると、戦略的に追加されたであろう文言や、明確な機能指定の存在に気づくことができる。例えば、「AU-6」というコントロール項目を見てみると、システム内のあらゆるログ情報をリアルタイムで監視し、分析、報告するまでのプロセスを一貫して自動で行い、かつ組織全体のログと突合して関連づけを行うことが要求としてあげられている。「RA-5」の脆弱性スキャンを実施する方法や、「SI-3」の悪意のあるコードの実行防止機構などを見ても、明らかに細かい技術指定がなされており、これらの条件を満足に満たすのは、米国の特定の企業の製品であり、NIST もそれらの使用を推奨するベスト・プラクティス文書を、製品名を明記して、発行している。そして、このように技術仕様が明確に定義されている項目に該当する分野では、現在多くの米国企業が競い合うように製品を開発している。

　残念ながらわが国で、このような戦略的な研究開発を行っている企業は少ないと言わざるをえない。DoD による DFARS 252.204-7012 にも明記され、このような実質的な製品指定だととらえざるをえないコントロールを含み、わが国

の防衛産業にとっても喫緊の課題と言える調達基準となる SP800-171 について、日本企業の現状に当てはめた場合には、

- システム内部についてのセキュリティ水準が低く、不審な動きに対する検出能力や通信の保護が不足している。
- システム・ライフサイクルの全工程において、セキュリティを意識しているとは言えず、特に開発工程においては、さらなる啓蒙活動が必要となる。
- 海外リージョンや外部業者に対するガバナンスが弱く、情報把握が不足している。契約段階でサイバーセキュリティに関連する項目を意識合わせしておく必要がある。

などの課題があるだろう。わが国の NIST 対応への課題は内外部統制である、とも言える。

6 日本の現状と課題

(1) グローバル標準からの遅れ

　グローバル標準は間違いなく、セキュリティ人材の「集約」と、セキュリティ水準の「均一性」を担保とした「けん制と抑止」、そしてそれらを核とした法や規制、調達基準の整備、さらには、それらをビジネスチャンスへと変換する、という方向に舵が切られている。その中でわが国がまず向き合うべきは、このようなセキュリティを取り巻く世界の動向であり、これらを経営課題としてとらえることである。そのうえで、正しい方向に国内のセキュリティ産業を強化し、セキュリティ自給率を上昇させることが重要であり、最大の課題となる。

　これと決めつけるつもりはないが、多くの機関のレポートで NIST CSF の全世界的な導入が語られている。前述のとおり、ISO 化の流れすら存在するのだ。もし ISO 化されようものなら、WTO 加盟国が NIST CSF、そしてそれら

を体系化した SP800、SP1800 シリーズへの準拠が要求されるのは想像に難くない。EU は、この流れを早急につかみ、NIS Directive と GDPR の組み合わせにより、いまだ表面的ではあるものの、規制上は見事に追従してみせた。中国でも、「中華人民共和国网络安全法」と呼ばれる独自のサイバーセキュリティ法が発行されるなど、規制上は追従していると言える。

　では、わが国はこのままでよいのだろうか。「ルール形成」という言葉を、聞いたことがある方も増えてきたと思うが、わが国に不足しているのはまさに、ルールを作る側としての能力だ。誤解を避けるために、さらに細かく補足すれば、戦略的なルール形成がわが国の課題なのである。前述のとおり SP800 シリーズは NIST CSF の概念を実現するための、世界でも普及している技術体系である。同時にそこには、今後の米国のセキュリティ産業を著しくけん引するための大きな帆となる文脈が確かに記されている。日本がこれに追従することの先には、産業設計という新たな課題が待ちかまえていることも念頭に置く必要があり、その際には戦略的なルール形成を主導できる人材が不可欠となる。改めて、セキュリティとは「安全保障」であると読むことの重要性を思い返してほしい。サイバーセキュリティ関連の法案や、規制、技術体系等の新たなレギュレーションや指針は、たんなる技術文書として IT 部門だけが読むべきものではなく、今後の経営を揺さぶる可能性のある戦略文書として、経営企画部、経営層もともに読み解く必要のある文書なのである。さらに、サイバーセキュリティに関連する事業を生業にしているのであれば、これは新たなビジネスの種になる貴重な文書なのである。

(2)　技術者不足の問題

　そのような流れを理解し、自社のセキュリティ水準に照らし合わせ、将来を見通すことにより戦略的に事業計画を立てることができる技術面も経営面も兼ね備えた人材というのは極めて貴重であり、その数もかなり限られるであろう。

　これは万国共通の悩み事であり、わが国に限った問題ではない。そのうえで、我々は、セキュリティ水準の「均一性」を求められているのである。このような絶望的な状況に救いの手を差し伸べているのが、FedRAMPをはじめとするクラウド化の流れである、というのが現段階での世界の認識である。クラウド化によって、数少ない貴重な人材とさまざまなサイバー攻撃の手法などの情報を「集約」し、クラウド利用者に対して最低限の「均一性」を担保することができるのである。

　サイバー攻撃に関する手法を知らなければ、有効な防衛策を講じることはできない。しかし、一部の大企業を除いて、観測した攻撃を分析して独自の防衛策を検討するという体制が整っている企業はほとんど存在しない。だからこそクラウドという概念に集約するのである。そして、認証制度の誕生と、それらの調達基準化により、サプライチェーン全体のセキュリティ水準の「均一性」も図られる。

　わが国もこのタイミングでクラウド化の方向に舵を切らなければ、セキュリティ自給率の向上など夢のまた夢となり、結果として、わが国の情報が、そしてわが国の基幹産業の情報が、基準に準拠している海外のクラウド業者の管理する情報システム上で、保管されることとなる。

　さて、ここで新たな技術者の育成という課題に目を向けてみよう。セキュリティ人材の育成は日本政府も課題であると認識しており、独立行政法人情報処理推進機構（IPA）や内閣サイバーセキュリティセンター（NISC）等が中心となってさまざまなイベントの開催等を行っている。その中で注目されているのがCTF（Capture The Flag）と呼ばれる競技だ。CTFとは、暗号を解いたり、用意されたプログラムの脆弱性を突いたり、サイバーセキュリティに関するクイズを解いたりすることで、フラッグと呼ばれる、それらを解かなければ予測困難な文字列を取り出し、得点集計サーバーに送信し、最終的な点数を競う競技である。この競技は世界各国で開催されている、国際カンファレンスなどと併催されたり、完全に独立した形で開催されたりと、世界中で賑わいを見

せている。わが国からも、強豪チームが誕生しており、それらのメンバーを中心とするコミュニティによる初心者向け勉強会も、都内、地方を問わず連日開催されている。競技人口も相当数いると思われる。専門家の中には、CTF がもっと早く普及し現在のような人気を獲得していたならば、人材不足は生まれなかったかもしれないと言う人もいる。しかし、実は CTF の歴史は 1996 年に始まっているのだ。当時の CTF は、コンピュータ・ギークのお祭りという立ち位置にあった、DEFCON と呼ばれるカンファレンスの余興として、この CTF 競技はスタートしたのである。その後、多くの国の他のカンファレンスでも取り扱われるようになり、徐々に普及していったのである。現在では日本にも SECCON と呼ばれる世界でも有名な競技団体が存在する。しかし、やはりセキュリティ人材不足の解決には至っていない。そして、これもまたわが国だけの問題ではなく、世界全体での問題なのだ。

　なぜ、CTF 出身者がサイバーセキュリティを担う人材数の増加に寄与する大きなファクターであるということを実感として感じ取ることができないのだろうか。それは、CTF が貢献している分野がより技術的な人材開発であり、本書で触れているような、我々が必要としている能力開発とは少し違うからではないだろうか。セキュリティ産業や、安全保障としての視点、調達規制化、経営課題としてとらえる視点など、残念ながら現在の CTF にはこれらを問う要素は含まれていない。

　CTF は良き解析者を育てる。しかし、前述のような視点でサイバーセキュリティを取り扱うには、彼らをコントロールする存在が必要不可欠なのである。筆者が開催した国内大手インターネット企業を対象とした社内セミナーでは、プログラミングとは無縁の人材が 2 時間半で攻撃コードを書くことができるまでになったが、CTF はその延長にすぎないのかもしれない。知人であり、日本国内で最も結果を出したとされる CTF チームのメンバーから、CTF からの引退を決意した際の事情を聞いていると、そう思わざるをえないのである。解析、分析技術に特化した、高い技術を CTF により身につけた貴重な人材の力

を借りて、いかに戦略的にサイバーセキュリティをとらえるかという課題の解は「ルール形成」というテーマにあるのだろう。今後、サイバーセキュリティを安全保障としてとらえ、ルール形成を語れる人材と、CTF 等により技術力を磨いてきた人材のコラボレーションをはかることは、間違いなくわが国の武器になる。

(3) サイバーセキュリティに関する政府のイニシアティブ

日本政府もただ指をくわえてこの動向を見守っているわけではない。自民党IT 戦略特命委員会が提出し自民党与党案にもなった、「デジタル・ニッポン

図表 7-6 「基本的な考え方：セキュリティファースト CRO と組織的なルール形成戦略推進体制」

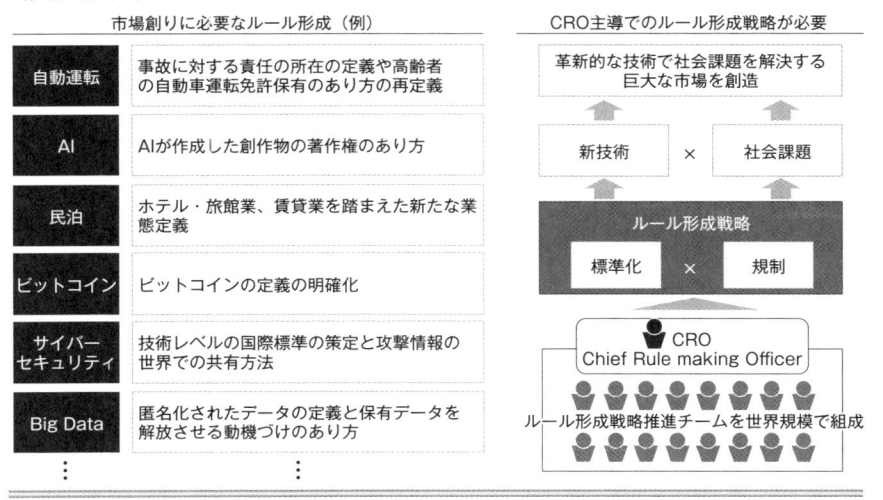

©2017 自由民主党IT戦略特命委員会| Page No. 72

（出所） 自由民主党 政務調査会 IT 戦略特命委員会「デジタル・ニッポン 2017」、p.72 より引用。

2017」の 72 ページには「基本的な考え方：セキュリティファースト　CRO と組織的なルール形成戦略推進体制」（図表 7-6）と題して、ルール形成についての戦略が明記されている。また 75 ページには「基本的な考え方：セキュリティファースト　日本版 FedRAMP の創設」（図表 7-7）と題して、米国のクラウド化の流れに追従し、日本独自のルール形成を行うという方針が明記されている。

　そこではサイバー空間は「第 5 の戦場」と呼ばれており、その影響が国家運営にまで及ぶと捉えられていることは疑いようのない事実だ。そして日本政府がこのように前向きな政策や方針を打ち出している現状には希望を感じる。与党案に示されるような政府の体制のもとで、これから必要になるのは、わが国も国際標

図表 7-7　「基本的な考え方：セキュリティファースト 日本版 FedRAMP の創設」

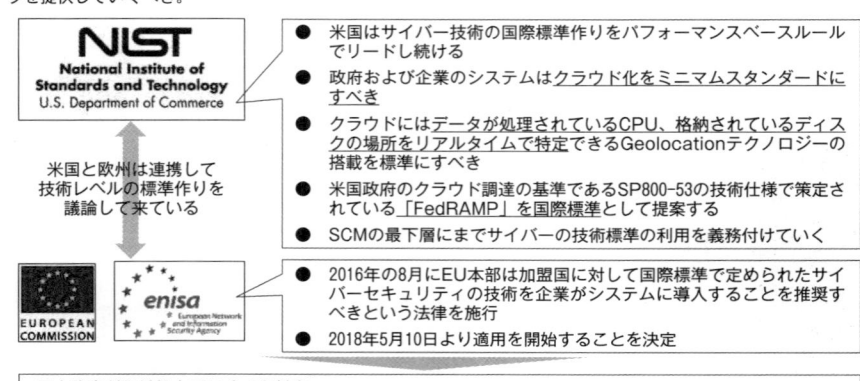

出所：World Risk Report 2013　　　　　　　　©2017 自由民主党IT戦略特命委員会|　Page No. 75

（出所）　自由民主党 政務調査会 IT 戦略特命委員会「デジタル・ニッポン 2017」、p.75 より引用。

準を念頭に置いた技術規格を整備し、米国や EU などと相互認証できるような枠組みを作っていくことである。

 これまでの常識を覆す サイバーセキュリティの世界

近年のサイバー攻撃が、これまでのサイバー攻撃と違う点は、その目的にある。明確な線引きは非常に難しいが、ここでは標的型攻撃が増加した 2010 年を 1 つの区切りとしてみよう。それ以前のサイバー攻撃の主たる目的は、「愉快的な犯行」「自己顕示欲を満たすための犯行」「政治的主張」「宗教的主張」「攻撃チーム同士の紛争」などであった。これに対して、近年のサイバー攻撃は「金銭目的」「選挙妨害」さらには「軍事的オピニオンの 1 つとして」などと、従来とは明らかに異なった目的を達成する手段とされているケースが多い。

これについては、攻撃に成功した場合の被害を見ても同じことがわかる。以前のサイバー攻撃の場合には、サーバーへの侵入に成功した攻撃者は、例えばトップページを「Hacked by［ハンドル名］」に改ざんしたり、root 権限を奪取しないと操作できないディレクトリに「hackedby［ハンドル名］.txt」というファイルを置いたりと、現在サイバー攻撃で行われているような、事業継続に致命的なダメージを負わせるなどの被害は出ていなかったのが一般的だった。昨今の実例では、報道されているところによれば、数億件のアカウント情報の流出、重要インフラストラクチャ・システムの停止、事実か否かは別として選挙結果の操作などにもサイバー攻撃による影響が及んでいるのではないかと言われている。明らかにこれまでの常識を覆すサイバー攻撃が行われているのだ。

さらに、サイバー攻撃の手法が一般に開示され、簡単にそれらを再現できるツールの市場まで整備されている。その結果として、詐欺グループなどがサイバー攻

撃を「手段」として利用し始めたのだ。これまで彼らは、例えば宝くじ当選を知らせるなど嘘のダイレクトメールを送付して受信者を騙すことによって銀行口座情報や運転免許証の写しを入手して、それらをマネタイズするといった詐欺を行っていた。そのような集団にとっては、感染するとすべてのファイルを暗号化し、その解読には数千円を仮想通貨経由で攻撃者に支払う必要があるランサムウェアを添付した電子メールを、アンダーグラウンド・マーケットで入手した膨大な数のメールアドレスに一斉送信するほうが、よいビジネスになる。そして今や、そのためのプラットフォームがかなりのクオリティで整備されており、専門知識はほとんど必要とはされない。この例のとおり、多くの知的犯罪がサイバー攻撃という形式を取り始めているのだ。

　このような現状を受けて、サイバーセキュリティを専門に扱う研究者コミュニティも急速に発達した。このコミュニティの発達は、同時に、「ダークサイド」と「研究者」という非常にあいまいな境界線を作り出すこととなった。ATM やインシュリンポンプ、ペースメーカー、原子力発電所などで用いられる PLC などの多種多様な対象に対する攻撃の可能性を探る研究が行われている。しかしその研究成果は、攻撃者にも公開されているのである。有名な国際カンファレンスには、必ず有名な攻撃チームのメンバーも参加している。実際に、国際カンファレンスの会場前で、国際指名手配されている攻撃グループのメンバーを待ち伏せるというのは、多くの捜査機関で取られている方法であり、実際に逮捕に至った事例もある。研究者コミュニティは、「悪意を持った攻撃者が見つけるよりも早く、新たな攻撃手法を発見し、メーカーに対して対策を迫るのである」としているが、「研究者コミュニティが発見した攻撃手法に関して、対応が間に合っていない組織を攻撃しよう」というのが、サイバー攻撃をビジネスとしてとらえている者たちの考え方である。

　告発サイトなどでも暴露されているとおり、国家による攻撃ツールの開発なども行われている。既に、サイバーセキュリティという言葉に対して、対となる解釈を決定することは愚かなことなのかもしれない。我々も攻撃者もまだ想像する

ことしかできない、今後の分野を考えるとさらに不安は大きくなる。例えば自動運転や、宇宙進出などだ。

　自動運転には、下記のとおりの運転レベルが存在する。
- レベル 0 ……ドライバーが常にすべての操作を行う。
- レベル 1（運転支援）……加速・操舵・制動のいずれかをシステムが支援的に行う。自動ブレーキなどの安全運転支援システムが該当。
- レベル 2（部分自動運転）……ハンドル操作と加速・減速などの複数の運転を、車が支援的に行う。ドライバーは周囲の状況を確認する必要がある。
- レベル 3（条件付自動運転）……自動車が、周囲の状況を確認しながら運転を自律的に行うが、緊急時はドライバーが必要である。ただし、交通量が少ない、天候や視界がよいなどの運転しやすい環境が整っているという前提条件が存在。
- レベル 4（高度自動運転）……レベル 3 の動作を人の介在なしに行うことができる。ただし、交通量が少ない、天候や視界がよいなどの運転しやすい環境が整っているという前提条件が存在。
- レベル 5（完全自動運転）……いかなる条件下であっても、自動車が自律的に運転を行う。

レベル 4 やレベル 5 の自動運転が実現した場合には、それは同時に、サイバー攻撃対策を怠った場合に、悪意を持った第三者による自動運転車両の完全制御が可能になる危険があることを示している。この前身となる研究は、2015 年頃から活発に行われており、インターネット経由で公道を走る自動車のブレーキやハンドルの制御に成功した研究者も存在し、その方法は国際カンファレンスで発表された。

　宇宙進出については、かなり総合的な考え方が必要ではあるが、単純に宇宙という高い精密性が問われる環境のもとでは、ほんの少しのサイバー攻撃によってパラメータを変更したり、処理に遅延を起こさせたりするだけでも、引き起こさ

れてしまうインシデントのレベルを考えると、その先に待ち受ける結末は悲惨なものとなるかもしれない。

　量子コンピュータはどうだろうか？　既に量子ビットを用いた演算を可能にする仕組みは創造されており、実際にプロダクトも存在する。観測による量子状態の確定がもたらす影響は、新たなサイバー攻撃に転用されないだろうか？

　考え出すときりはないのだが、確実に言えることは、我々は今後もサイバーセキュリティという領域に向き合い続ける必要があり、その度合いが高まることはあっても低くなることはないということである。

第8章

日本企業に求められる
企業情報マネジメント

　ここまでで見てきたように、企業にとっては、個別法の観点に加えて、グローバル・レベルでの対応が必要となってきているサイバーセキュリティの分野など、情報を正しく守り、使いこなすためにはさまざまなことを考慮することが必要である。企業経営についても、情報そのものが大きな意味を持ってくるとともに、その情報をどのように守るのか、どのように適切に使うのか、ということが非常に重要な経営意思決定事項となっている。

　例えば、自社が持っているノウハウ、特許ではないまでも自社の製品を製造するうえで重要な設計図やレシピといった企業情報がある。それらは、文書で保管されているかもしれないし、データとして自社のデータベースに格納されているかもしれない。これらの企業情報が他社に漏えいすることがあったならば、その企業の業績は大きな打撃を受けることになるために、適切なセキュリティ・レベルで保護されていなければならない。

　一方で、自社の顧客情報の中には、個人情報や機密情報が含まれていることも多い。それらが文書もしくはデータの形で持ち出された場合には、損害賠償への対応を含めた大きなリスクが生じることになりうる。企業の多くの業務が情報システムで処理されるようになったために、多くの情報はシステム内にデータの形で存在している。一方で、文書という紙の情報も、契約書や請求書といった形で

多く存在しているのも事実である。企業はこれらのさまざまな形で存在している情報を適切にマネジメントし、企業経営上のリスクを極小化しなくてはならない。このような情報をマネジメントする仕組みやルール全体を企業情報マネジメント（EIM：Enterprise Information Management）と呼ぶ。情報システムの世界でEIM というと、企業内のデータをマネジメントするシステムに主眼が置かれるが、本書では文書情報を含めた企業内にあるすべての情報をマネジメントする仕組みを含めた概念として解説を加えていく。

　日本企業はこの企業情報マネジメントを実践できる環境の構築、つまりルール整備、システム・インフラの整備、セキュリティ担当の配置、従業員の教育といったことを推進する取り組みに関しては、欧米企業に比べて大きく遅れている。サイバーセキュリティのところでも触れたように、日本の現状はグローバル・スタンダードからは大きく遅れている状況にあり、サイバーセキュリティ面だけでも企業は対応に苦慮することが予想されている。しかし、それだけではなく、企業情報マネジメント全体を考えるときには、日本企業を悩ませる事象が数多く潜んでいることを認識しなくてはならない。本章では日本企業が実現しなくてはならない企業情報マネジメントの形を考え、そこに潜む根本的な問題点について触れる。そういった側面を理解したうえで、日本企業の環境を考慮した実現方法とはどういったものであるのかについて解説をする。

1 日本企業に潜む企業情報マネジメントにおける根本的な問題点

　多くの日本企業は、企業情報マネジメントそのものを十分に行えているとは言い難いのが現実である。これは企業情報マネジメントを実現するための制度作りや、システムを含む仕組み作りに着手しようとしている企業が少ないことからも

容易に想定されることである。欧米の企業に比べて情報そのもの、特にシステム上にあるデータに対する感度が、IT業務に従事している人でさえも低いと言わざるをえない。

　ガートナー　ジャパンが2016年に発表した「世界のCIO 2,900人以上のサーベイ結果と日本企業のCIOに対するサーベイ結果への考察」（図表8-1）では、IT関連支出に関して、欧米諸国を中心としたグローバル（世界）と日本でどういった違いがあるかについて触れている。データそのものは2015年のものだが、それによるとグローバルではBI/アナリティクスやインフラ/データセンターといったところに集中的に投資する傾向があるのに対して、日本ではERP（統合基幹業務システム）に対する支出が圧倒的に多いという結果が出ている。

　グローバル企業によるアナリティクスやインフラへの投資は、データを企業経営そのものに活かし、自社のビジネスを発展させていこうという動きにほかならないが、そういった大量のデータを分析できる基盤の整備を行うことで、企業情報マネジメントをセキュアに、かつ効果的に行える環境を整えていることを意味する。一方の日本企業は、企業情報の一部のインプットになる基幹システムの構築に躍起になっていることがうかがえる。実は、グローバル企業では既に数年前にERPやセキュリティへの投資を一段落させており、次の段階としてさまざまなデータを活用する段階に入ったことを認識する必要がある。日本企業は欧米企業に比べて、データを適切に取り扱うための環境整備が遅れており、数年遅れでの対応を行っているということである。

　このような調査データに見られるように、日本企業は企業情報マネジメントへ

図表8-1　IT関連上位支出の日本とグローバルの比較

支出順位	グローバル	日本
1	BI/アナリティクス	ERP
2	インフラ/データセンター	クラウド、BI/アナリティクス
3	クラウド	セキュリティ

（出所）　ガートナー　ジャパン、2016年。

の取り組みを本格的に行うという段階には至っておらず、取り組むための前提となるインフラ整備を行っている段階にある。何故に、このような欧米企業との差が生まれてきたのだろうか？　システム・インフラの側面、文化的な側面、法整備の側面から見ていこう。

(1)　システム・インフラの側面

　日本企業は欧米企業に比べて、そもそものIT化が遅れていたことは否めない。欧米企業では1990年代にメインフレームからオープン系システム、特にERPパッケージの導入が始まっており、企業全体のデータを大福帳型システムで集中管理するようになっていた。一方で、日本で1990年代後半からERP導入が始まったものの、本格化したのは2000年を超えてからであり、できあがったシステムも欧米のそれとは大きく違うものになっていた。

　欧米企業は、ERPに用意されている機能に合わせて業務を変えていくアプローチを採用した。それに対して、日本企業のほとんどが、その当時の業務に合わせてERPに手を加えるアプローチを採用した。結果的に日本企業はERPパッケージを導入したにもかかわらず、多くの追加プログラムを開発することになり、大福帳型のデータベース以外の場所に多くのデータが散在することとなった。また、日本企業は子会社へのシステム展開に際しても、本社と同様な仕組みを取り入れることをせず、子会社独自のシステムを子会社独自のルールで構築するケースが多かった。同じERPパッケージを採用したにもかかわらず、設定や追加プログラム等は独自に進められた例も枚挙に暇がない。

　欧米企業に比べて日本企業は、独自の業務手法を優先することで競争力を確保しようと考え、さまざまなデータを統合して管理できるシステム・インフラの整備を優先させず、結果としてデータを散在させることを歴史的には行ってきた。規模が大きな企業にとって、基幹システムを含むITインフラは、その投資額の大きさやシステムそのものの複雑さに起因して簡単に作り替えること

ができず、ビジネス環境の変化に合わせてその場しのぎの修正を加えていく対応となってしまった。このことがさらにデータを散在させることとなり、企業グループ全体を見わたしたときに、どこに何のデータがあるのか、そのデータが今どのような状態にあるのか、誰が変更したのか、最新のバージョンはどれか、といったことはまったくわからない状況を生み出してしまった。この事象が、企業経営にデータを正しく活用できていないという問題はもちろんのこと、データ漏えいといったインシデントが起こったときに原因を特定できない、そもそもの漏えいそのものの予防策を講じることができない状況を作り出してしまう、といった問題を引き起こしている。

　このように日本企業における歴史的な背景を通じて、システム・インフラの側面で大きな課題を抱えている企業は多く、その抜本的な解決が急がれている。最も理想的な解決方法はシステム再構築だが、費用面やスケジュール面で困難に直面し、何もできていないケースが多い。少なくとも企業情報マネジメントにおけるセキュリティ面でのデータ・マネジメントについては早急に対応しなければ、リスク・マネジメントの視点からも企業経営を揺るがしかねない。対策を講じる際には、システム・インフラの問題点を十分に考慮した施策を選択する必要があるため、IT に精通した社内人材や外部専門家を必ず巻き込むことが重要なポイントとなる。

(2)　文化的な側面

　次に文化的な側面から見た根本的な問題点について触れていく。欧米企業にはあまり見られない日本企業特有の文化・ビジネス慣習で、企業情報マネジメントにマイナスの影響を与えているものは3つある。

　第1のマイナスの影響は、同じ社内でありながら情報を隠す傾向が強いということである。意識的に情報を隠しているというわけではなく、無意識のうちに情報を隠してしまっていると言ったほうが適切かもしれない。顕著な例をあ

げると、同じ部門の同僚がある企業を訪問していたにもかかわらず、情報共有がなされておらず、自分がやっとの思いでアポイントを取って会いにいったときに「○○さんがこの前来られましたよ」と告げられるようなケースである。営業のケースに限らず、意外と身近な他人が知っているにもかかわらず、その情報が共有されていないために無駄な努力を重ねているといった例は数多く存在する。これは特に企業内活動において、欧米企業に比べて日本企業で頻繁に目にされる事象である。

　企業文化というよりは、日本人の気質に関わる問題なのかもしれない。ある外資系企業は、個人が持つノウハウの共有に積極的で、いわゆるナレッジ・マネジメントの仕組みをうまく運用することで知られていた。グローバル共通のナレッジ・マネジメント・システムが整備されており、さまざまなノウハウの共有を各個人が行うことは人事制度上も推奨されていた。この企業には日本法人があり、同様の仕組みを活用して日々の業務が遂行されていた。しかし同社の日本人社員は、情報をうまく活用するものの、自らそのノウハウをナレッジ・マネジメント・システムに登録して共有することはほとんどなかった。何故に共有しないのか、という点について日本人社員に対してアンケートを行ったところ、「共有することが自慢しているように見えないか」「他の人も知っていることだと思ったので、わざわざ共有しなかった」「自分の情報を活用する人はどうせいないだろう」といった回答が多く寄せられ、日本人特有の控えめな行動からこの事象が生まれていることがわかったのである。

　企業文化によるものか、それとも日本人気質によるものかはケース・バイ・ケースだと考えられるが、この情報共有が行われていないという文化的側面からの行動は、企業情報マネジメントにマイナスの影響を与える。情報が共有されないために、営業の機会や業務効率向上の機会を失うという、情報を企業業績向上に活かす目的に対するマイナス面である。一方で、セキュリティ上のマイナス面も存在する。誰がどんな機密情報を持っているのか、機密情報が適切に管理されているのか、法的リスクあるいは企業コンプライアンス上のリスク

がないのか、といったことがマネジメントできないためである。情報が漏えいした後に状況を把握することも難しいため、企業情報マネジメント上の大きなリスクをはらんでしまうことになる。

　第2のマイナスの影響としてあげられるのは、組織の壁が非常に高いということである。日本企業は組織の長に大きな権限を与えるケースが多く、他の組織に対しては干渉をしないという傾向が強い。グローバルにビジネスを展開している日本企業で多く見られるのは、海外子会社が独立採算制になっているケースである。本社から海外子会社に対して、業績の確認等は行うものの、日々のオペレーションや詳細な事業戦略にいたるまで確認されるようなことはなく、各子会社が独自の運営を行っており、年に数回のグローバル・ミーティングで全体の確認を行うという形態がとられている。もちろん業績に関わる情報については、報告を月次以下のサイクルで受けている企業がほとんどだが、その他の営業パイプライン等を含め、詳細な情報（データ）まで本社サイドで押さえているようなガバナンスがきいているモデルは少ない。

　日本企業は欧米企業に比べて子会社を多く設立する傾向が強く、これが問題を深刻にしている。人事上のポストを作るために子会社を設立するケースでは、本流から外れた人を子会社のトップや要職に据えることになるが、本社側経営陣の先輩にあたる人が子会社社長であることも多く、遠慮してもの申すことができないというガバナンス上の問題を抱えてしまう。情報の統制がきかなくなることから、情報マネジメントそのものができていない状態に陥ってしまうことは容易に想像できよう。一方、人事上の問題ではなく、ビジネスの構造上の問題から子会社が多く作られることも日本企業では多く見られる。同じ国に事業ごとに子会社を作る例がこれにあたる。例えばある会社がアメリカに進出する場合に、A事業が進出する際にα社を設立し、時間をおいてB事業がアメリカに進出する際にβ社を設立するようなケースである。同一国に数十社の子会社を持っている日本企業の例もあり、それぞれの子会社がそれぞれの情報を持ち、それぞれの情報マネジメントを行っているために、企業情報マネジメン

トの観点からはリスクが非常に大きい状態にある。

　このように組織間の壁に起因する情報共有の限界は、情報を統制できないリスクをはらむことになる。それぞれの組織が独自に情報を活用しているため、各社の企業経営に情報を活用するという面では、大きなロスが生じていないケースが多く、従来はそれほど問題視されることはなかった。しかし、情報セキュリティ面では、情報マネジメントが同一基準から行われておらず、本社が把握できていないという時点で非常に危険な状態にある。その根本的な問題として子会社や組織を無尽蔵に増やしてきた文化的側面があり、解決に向けて組織再編や企業統治の形を変えていくという、大きな変革が伴うことを理解しておく必要がある。

　文化的側面の最後にマイナス面としてあげておきたいのが、情報システム面での日本企業の特色である。多くの日本企業は情報システム部門に技術者を置かず、いわゆるシステム・インテグレーター（SI ベンダー）に外注する方式が採用されてきた。その結果、自社の情報システム部門のメンバーはシステムの詳細については把握できておらず、完全な SI ベンダー依存の体質ができあがってしまっているケースが多い。

　少し古いデータではあるが、独立行政法人情報処理推進機構が IT 人材の日米比較に関するリサーチを出している。それによると日米は正反対の傾向が出ている。米国では、IT 技術者の 7 割以上がユーザー企業で働いており、多くのシステム開発や運用が内製化されている。それに対して日本では、75％の IT 技術者が IT サービス企業（SI ベンダーやコンサルティングファーム等）に所属している。これは、ユーザー企業側ではシステム開発等を自らの手で行うことは少なく、IT に関わる開発・運用といった仕事の多くを外部に依存していることを示している。

　このデータはたんにシステム開発や運用が外注依存になっているために、自由度が少なく、IT に関連する機動力が削がれている、ということを意味して

いるのではない。企業情報マネジメントのうえで、非常に重大な問題をもたらしているということを理解しなくてはならない。その問題とは、どのシステムがどのようなデータを保有しているのか、どういう業務運用の中でそのデータ（情報）が活用されて形を変えているのか、セキュリティ・レベルはどうなのか、といったデータ・マネジメントに関わる重要な情報を企業内部のメンバーが十分に把握していない可能性が高い、ということである。もちろん、システムの導入にあたっては、情報システム部門がプロジェクトの管理を行い、仕様の確認を含めて何をどうしているかについてはチェックを行い、設計図書のようなドキュメントも残していることだろう。しかし、ユーザー企業内にIT技術者が少なければ少ないほど、把握しているデータの詳細度は落ちることになる。

図表 8-2　米国と日本における IT 技術者の所属の比較

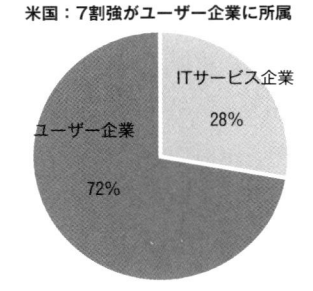

米国：7割強がユーザー企業に所属

ITサービス企業 28%
ユーザー企業 72%

システム開発の状況

内製が基本
・社内開発エンジニアがシステム開発から運用を実施。もしくは「パッケージを導入」。

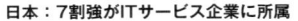

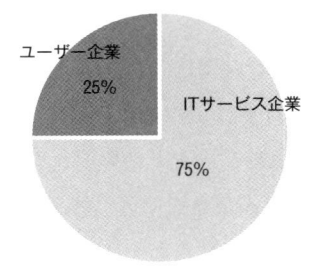

日本：7割強がITサービス企業に所属

ユーザー企業 25%
ITサービス企業 75%

外注が基本
・SIerによる受託開発（ユーザー仕様のシステム開発）。「カスタマイズが慣例化」。
・社内エンジニアは、システム保守・運用業務がメイン。

（出所）　独立行政法人情報処理推進機構。

また、当然ではあるが、本番運用後の仕様変更やデータの変更が行われることになるため、そのような最新情報はSIベンダーでないとわからないという事象が容易に起こりうる。

　この問題は、すぐには解決できない根本的な問題である。すぐに外部依存を解消して内製化するということはまず不可能である。人材育成の面での課題、システム運用方法の変更に関する課題、ITロードマップの調整、といった具合に一筋縄ではいかない調整事項が数多く存在するためである。企業業績に与える影響も考慮する必要がある。したがって、外注依存であるという状況は所与のものとして、いかにして企業情報マネジメントで必要となる情報を把握するか、ガバナンスをきかせられるようにSIベンダーとのエコシステムを構築できるか、に注力して施策を練っていかなくてはならない。

　以上、3つのマイナスの影響から文化的側面について見てきたが、どれも根深い問題であり、すぐには解消できないものばかりである。しかし、程度の問題はあるとはいえ、これらを解決することなしに適切な企業情報マネジメントを実現することは不可能であることを理解する必要がある。セキュリティ面を重視するのか、情報活用の面を重視するのか、企業によって優先事項はさまざまであるが、実現すべきレベルを明らかにしたうえで何から解決していくべきかを検討する必要があることを理解し、行動に移していかなくてはならない。

(3)　法整備の側面

　最後に触れるのは法整備の側面である。特に企業情報マネジメントにおける情報セキュリティの確保という観点では、日本は根本的な問題を抱えている。先の章でも触れたとおり日本でも、欧米に遅れているとはいえ、個別法としての個人情報保護法等の法整備はある程度は進んできている。法律そのものは、欧米とは異なる点を内包しながらも、今後も時代に合わせて改正も進んでいくことが予想される。

　それよりも、問題として根深いのは、情報セキュリティに関連する法案が整備されていないことである。米国においては、NIST フレームワークを皮切りに、FedRAMP 等のセキュリティに関するグローバルスタンダードが整備されている。欧州では GDPR をはじめとする法案が可決され、2018 年 5 月より施行される点については既に触れたとおりである。米国もフレームワークに従わないと取引ができないケースもあり、実質的な法制度と同等の対応が企業側に求められる以上、欧米諸国については NIST を基本的な枠組みとしたセキュリティ対応は必須であると認識すべきであろう。グローバルに自社のビジネスを展開していくためには、グローバルスタンダード・レベルのセキュリティ対応が実現できていないと死活問題になるということである。なぜならば、取引をする前提としてクリアしておかないと、商談すら行えないレベルになっているからである。

　しかし、日本ではそういう法制度は準備がされていない。今後は、グローバルスタンダードを意識した情報セキュリティに関する法案の審議が行われることになっていくだろうが、法律として施行されるタイミングはまだまだ先になることが予測される。日本企業は法律遵守に関しては非常に敏感に反応する傾向があり、商慣習としてのグローバルスタンダードであるという程度では、本腰を入れて対応しないケースが多い。また、日本国内に本社を置いているという企業が多いために、日本で法規制が進んでいない分野については感度が低く、対応が後手後手に回りがちである。業界内の横並びを意識する企業も多く、同業他社が本格的に対応していなければ静観し、対応を始めたとなると一斉に対応するために外部専門家が不足する、という傾向がこれまでも繰り返されてきた。代表的な例としては、日本版 SOX 法（J-SOX）対応、IFRS（国際財務報告基準）対応などがあげられる。

　企業情報マネジメントに関わる今回の欧州での法制度対応については、日本で法制化される動きに対して企業が本格的に対応できていないこともあり、関係部署のみの場当たり的対応となっているのが現実である。特に、NIS

Directive のようなサイバーセキュリティに関連する法制度に対するシステム対応に着手している日本企業は、極端に少ないのが現状である。まだ日本企業の情報システム部門はそのインパクトを身近に感じておらず、ISMS への対応をしておけばこと足りると誤解しているきらいがある。本当に自社が対応できているのか否か、詳細に NIST や各種法案に対するアセスメントを行わなければ、静観しておいてよいのか、急いで何らかの対応をしなくてはならないのかの判断がつかない。

　身近に、かつ目に見える法律にならなければ対応できないという日本企業の特性を考えると、日本における情報に関する法整備面での遅れは深刻にとらえる必要がある。解決に向かうためには、日本政府による法整備にかかっているところであるため、企業側からはコントロールのしようがないが、特にグローバル展開している日本企業においては諸外国の法律、今後の法改正の情報を常に経営サイドが押さえておく必要があろう。

　ここまで、企業情報マネジメントにおいて課題を多く抱える日本企業が多いことに関して、根本的な問題点をシステム・インフラの側面、文化的な側面、法整備の側面からそれぞれ見てきた。これらの問題点の中で、最も企業として対応が難しいのはシステム・インフラの側面である。文化や法整備は自社内の意識改革や法案の検討・成立等によって一気に変わってくる可能性がある側面であるが、システム・インフラは何かのきっかけで一気に変えるといったことはできない領域である。歴史的にも、さまざまな対応をしてきたことによって、非常に複雑なシステム・インフラおよびアプリケーションができあがってしまっている状態を、本来あるべきシンプルかつガバナンスがきいた情報マネジメントを行えるインフラに変えていくためには、その複雑さの度合いに応じてそれ相応の対応時間とコストが必要である。

　特にシステム・インフラにおけるセキュリティ要件の充足については、NIST や ISMS との差分に対応ができているのか、対応ができていない場合に

はどういった対応を行っていくのかという点を明確にしたうえで、スピード感を持った対応を行わないと、ビジネスそのものに影響が及ぶことに注意をする必要がある。インフラそのものを、情報が統合されたあるべきものに変えていくことは重要かつ必須事項ではあるものの、ビジネスのスピードを犠牲にしない形でどういった対応をするかという観点から、対応すべきものはすぐに対応し、捨てるものに捨てる、というスタンスで計画の策定を行うべきである。

　それではセキュリティ対応を踏まえたシステム・インフラは、どのように構築していけばよいのだろうか？　その答えは、企業のシステム環境によってさまざまではあるものの、どういった対応方法が有効であるのかについては次項で見ていこう。

2　整備が急がれるクラウド・インフラとECM

　企業内にある情報の大部分が、システム内にあるデータであることは既に述べた。紙の書類で保存されているものを電子化してデータとして保存しようという動きも活発化している。このため、企業内にあるデータをマネジメントする意味は日に日に高まっている。一方で、物理的に紙媒体を持ち出すことよりも、大量のデータをUSBメモリにコピーして持ち出すほうがはるかに簡単であり、見つかりにくいためにセキュリティを確保するための対応方法も変わってきている。具体的には紙媒体が多い場合には、保管する場所に入れる人を制限したり、入室のためのゲート管理として生体認証を取り入れたりといった対策により、セキュリティを強化することができた。しかし、データを適切なセキュリティで守るためには、入室制限はもとより、データへのアクセス制限をどのように担保するのか、物理的なメモリにコピーさせないためにはどうするのか、といったIT技術

を適切に用いたセキュリティ・レベルの維持が必要になる。

　また、データの持ち出しだけでなく、企業は外部ネットワークと必ずつながっている。そうした状況では、企業はネットワークを介したハッキングの被害に遭わないようなサイバーセキュリティの担保も考えなくてはならない。加えて、情報が持つ意味合いが重要になっている昨今では、データの改ざんが行われたことに気づかないことによる判断ミスやシステム誤作動といった事象がビジネスに及ぼす影響ははかりしれない。その観点からは、データが改ざんされているかどうかを自ら確認できる手段が必要となる。

　情報が電子的なデータに置き換わることにより利便性が高まったことは事実だが、電子化されることによって情報漏えいや誤情報取得が引き起こすリスクへの対応という新たな課題を企業が抱えることになったことを理解する必要がある。そして、その対応はハッキング等の脅威とのイタチごっこの様相を呈しているために、常に最新の脅威に対応できるものにしておく必要がある。ここが企業にとっては最も対応が難しく、特に日本企業にとってはシステム・インフラが悪影響を及ぼす部分である。日本企業がこれらのセキュリティ対応を推進していくために必要な仕組み（仕掛け）として意識すべきものが、クラウドとECMである。

(1)　なぜクラウドなのか？

　先に述べた内部データの持ち出しによる情報漏えい、あるいは外部からのハッキングによる情報漏えいの双方に対しては、しかるべき対応が必要になる。ここで思い出す必要があるのは、多くの日本企業ではシステム・インフラに起因してデータが散在しているために、さまざまなシステム（データベース）にあるデータのすべてを監視しなくてはならないということである。つまり、データの持ち出しについてはシステムごとにデータが持ち出されるようなルートが存在しないか、データが持ち出された形跡がないか、といったことを監視しなくてはならない。外部からのハッキングという観点では、システムごとに侵入

経路がないか、侵入された痕跡はないか、といったことを監視する必要がある。本社と子会社20社という企業グループを想定した場合には、本社に500システム、子会社に平均50システムあると仮定すると、全体で1,500システムのそれぞれに上記のような持ち出し、ハッキングの有無、あるいは脆弱性の有無について常に監視しておく必要があるということである。

　企業グループ内に存在するシステム（ここではアプリケーションの単位ととらえたほうが適切である）が明確にわかっている場合には、それでも対応のしようはある。しかし現実には、自社グループにどれだけの種類のシステムがあり、どういったセキュリティが担保されているのかを詳細に把握できている企業は多くはない。基幹システム等のメインで目立つシステムについてはしっかりと対応ができているが、ユーザー部門が独自に作っている簡単なシステムについては詳細を把握できていないケースは非常に多い。データの漏えいはそういった監視が行き届かない穴をつかれることにより発生することが多い。企業は、常にシステム全体の最新状況を把握していないとリスクは回避できない、ということになる。

　そんな状況の中で、多くの日本企業は相当数のシステムを抱えており、対応に苦慮しているのが現実である。サイバーセキュリティに対応する自社の要員も不足しており、十分な対応はできていない。先の本社と子会社20社という企業グループを例にとると、システムは各社の本社および支店子会社等の事業拠点のすべてに散らばっている可能性があり、セキュリティ対応要員を各拠点合わせて数十名を準備しないと十分な対応ができないことになる。このように、利用しているシステム数が多かったり、システムそのものが複数拠点に散らばっていたりするケースでは、セキュリティ要員の不足により物理的に対応することが困難になる。

　したがって、日本企業にとって有効な手段になりうるのは、システムの数を減らし、システムが物理的に存在している拠点を減らすことである。ただし、物理的な統合をそれぞれにサーバーを立てているオンプレミスのシステム環境

で行うことは非常に難しい。なぜならば、現行のシステムで日々の業務は遂行されており、すぐにサーバーを引っ越したり、子会社でやっている業務プロセスを本社と同じ業務プロセスに変更したりすることは一筋縄ではいかないからだ。この問題の解決手段の1つとなりうるのがクラウド・コンピューティング（以下、「クラウド」）である。インターネットを介してさまざまなデータのやり取りを可能にするクラウド技術は、一見すればインターネットからのハッキングに弱いような印象を持たれがちである。企業内にオンプレミスでシステムを構築したほうが安全であると考える日本企業は多く存在する。これは日々の生活の中でスマートフォンや自宅からインターネットを利用していることもあり、手軽に誰もがつながってしまう＝ハッキングされるというイメージを持ってしまっていることに起因している。日頃からネットショッピングを気軽に利用し、クレジットカード情報まで入力している世界はクラウドそのものである。そこでは誰もその情報をハッキングされることを恐れているわけではない。それにもかかわらず、企業のシステムになるとクラウドは危険だという主張には明確な論拠がない。

　欧米では当たり前の考え方になっているが、セキュリティ面で見ると、クラウドのほうがオンプレミスよりもはるかに安全である。外部とつながっていない企業が存在しない昨今の状況では、散在しているオンプレミスのシステムのすべてのセキュリティを担保するよりは、入口がインターネットに1つのみ存在しているクラウドのほうがはるかにセキュリティを担保しやすい。各社からはインターネットを経由して同じシステムにアクセスできることから、データに対するセキュリティを確保するのはクラウド上のシステムのみに限定できる。その管理もインターネット経由でできるために、物理的なセキュリティ要員も各社に置く必要がない。把握するべきシステムの数を減らし、監視の漏れを無くすという観点からクラウドは最適な仕組みと言えるのである。物理的なサーバーやデータベースがどこにあるかはクラウド・サービス業者に依存しているために企業側からは把握できないが、論理的なデータのありかがわかって

いさえすればセキュリティ上の問題はない。また、クラウド・サービス業者が
システム・インフラのセキュリティを担保しているために、適切なクラウド・
サービス業者とプラットフォームを選定していれば、セキュリティの対応を自
ら行う必要がなく、セキュリティ要員不足、ノウハウ不足といったことで悩ま
なくてすむというメリットもある。このようなセキュリティにおける有効性を
認識し適切に活用していくことで、欧米と同等のセキュリティ・レベルの確保
を図っていくことが可能になる。

　もう1つのクラウドのメリットは、現在のオンプレミスのシステムとは別の
インターネット上の環境にシステムを置くことになるため、現行のシステムか
ら徐々に移行させることが可能になることである。オンプレミスでの統合を想
定した場合には、ハードウェアの調達からシステムの実装、データ移行といっ
たことを自ら行っていく必要がある。その際には、特に対象となるデータやシ
ステムの規模によってどれぐらいのハードウェアを調達しなくてはならないか
がわからなかったり、スケジュールの遅延等によって調達したハードウェアが
陳腐化していったり、といったリスクを自ら負わなくてはならない。クラウド
の場合には、必要な分をクラウド・サービス業者との契約によって拡張すれば
よく、システム・インフラに関するリスクを軽減することが可能になる。

　ここまでで見てきたように、多くの日本企業が抱えるシステムとデータの散
在に起因する情報漏えいリスクに対して、クラウドはデータの統合やセキュリ
ティ担保のために必要な監視対象を減らす、あるいは外部にセキュリティを担
保させるといった形でリスク軽減を実現できる仕組みである。一朝一夕に移行
できるものではないため、企業が抱える課題の大きさ（範囲や深刻度）によっ
ては長い年月を要するものとなりうるが、現行のシステムに対して必要なセ
キュリティ対策を施すことに比べれば安全かつ有効な手段である。しかし、現
行のシステムを運用しながらクラウド上に新たな仕組みを構築することになる
ために、現行システムに加えて新たな投資が必要になるとともに、クラウド・
サービスはサブスクリプション（従量課金制）の形を取るものがほとんどであ

るため、資産にはならず経常費用として P/L にただちにインパクトを与える
ことになる。このように企業業績上で財務諸表に直接大きな影響を与えるため、
企業の経営層がセキュリティ担保の重要性を認識し、企業戦略の一環としてク
ラウド化を推進しなければ、結局はコストが優先されてセキュリティ対策は後
回しになり、情報漏えいのインシデントが起こったときには大きな代償を払う
ことになる。企業情報マネジメントの重要性を経営層が認識できているかどう
かが問われている、と言えよう。

(2)　なぜ ECM なのか？

　ここまでクラウドが企業情報マネジメントを実現するうえで、日本企業に
とって課題を解決する有効な手段になることについて述べてきたが、簡単にか
つ短期に移行できるかどうかは企業のインフラに依存する。十分な対応ができ
ていない企業では、少なくとも一定の期間は、現行のシステム運用を続けなが
ら新たな仕組みの構築を進める必要が生じる。
　つまり、これは現行のシステムとクラウドが併存することを意味している。
この状態だとクラウド側に移行したシステムについては一定のセキュリティが
担保されているが、現行のオンプレミスのシステムはリスクを抱えたままとい
う状態になっている。オンプレミスのシステムにはどれだけのリスクがあるか
を把握できていないケースが多いため、企業全体で見ると現行のシステムにあ
るデータとクラウドにあるデータがどのような種類のものなのか、それぞれの
セキュリティがどの程度に担保されているものなのかを把握する必要があり、
クラウドが増えた分だけ煩雑になってしまう恐れがある。しかも、徐々に移行
されていくので、その状況に合わせて最新の状態を把握しておかなくてはなら
ない。
　このようなケースで企業に求められるのは、どこのシステムにどんなデータ
が現時点で格納されているのか、そのデータは誰に公開されており、誰がアク

セスしたのか、アクセスに対する制限は必要なレベルで行われているのか、と
いった内容を把握しておくことである。これらの情報が押さえられていれば、
万一情報漏えいの事実が発覚したとしても、しかるべき対応を自社が行ってい
たのか、持ち出し等を行った者は誰なのか（どのユーザー ID なのか）、そのデー
タはどのような経路で出ていったのか、などの問題が把握できるので、その後
に行う対策もタイムリーかつ適切に行うことが可能になる。それによって被害
も最小限に食い止めることができ、訴訟になるような問題に発展したとしても、
一定の免責は期待できる。訴訟では企業の経営層が事態に備えて適切な対処を
できていたかどうかが問われることになるので、その対策が必要であることを
理解しておく必要があろう。

　経営層ができる備えを検討する際、現行のシステム・インフラの状況を勘案
するとすぐに対応することは難しく、それ相応の期間、オンプレミスとクラウ
ドが併存する高リスクな状況が続くことを前提とした施策を考えなくてはなら
ない。このようなケースで大きな意味を持つのが Enterprise Content
Management（以下、「ECM」）である。ECM はその名のとおり企業全体のコ
ンテンツ＝情報を管理するための仕組みやツール類（ソフトウェアパッケージ）
を表しており、近年では企業内データの爆発的な増加によって着目されるよう
になってきた。

　もともとは AIIM（Association for Information and Image Management）
という組織が 2000 年頃に提唱した用語であるが、企業内の業務で取り扱う情
報のすべてを対象として統合管理する概念として今日まで引き継がれている。
昨今ではデジタル化の波を受けてデジタル・マーケティングの分野で Content
Management という言葉がよく使われるようになっているが、デジタル・マー
ケティングで用いる製品やサービスに関連する情報を統合的に取り扱う概念と
して用いられるために、その概念は ECM に比べて狭義のものである。ECM
では特定の情報だけではなく、企業内で取り扱うすべての情報（データ）を統
合的にマネジメントすることを意味している。つまり、企業情報マネジメント

の概念そのものを実現するための仕組みと言って差し支えない。日本語では文書管理システムと呼ばれることもあるECMは、これまで日本企業ではあまり積極的に導入されてはこなかった。研究開発部門や設計部門といった秘匿性が高く、データの管理を厳しく行う必要がある部門で独自に導入されることがあったくらいで、全社の企業情報をマネジメントする目的で導入される例はほとんど見られなかった。

　しかし、欧米では企業内で扱うデータ量の増加に合わせて、そのデータの漏えいが及ぼす企業へのマイナスの影響を重要視し、企業全体の情報を統合マネジメントするためにECMを導入することは当たり前になってきている。特に昨今では、秘匿性の高い研究開発や設計情報のみならず、顧客データを含む機密情報を多く取り扱っており、その漏えいが継続的な企業経営を脅かす恐れがある業種を中心に、ECMの導入が行われている。ECMの導入によりどのようなことが可能になるかは後述するが、基本的な機能としては、企業内にあるさまざまな電子データ（情報）について、誰が、いつ、閲覧・変更したのか、あるいはそれらのデータにアクセスできる人をどのように制限するのか、といったすべてのデータ取り扱い状況に関するログを収集できる。データがどこにどのような状態にあるのか、誰がアクセスできるかをすべて把握することによって、データが漏えいする以前に、しかるべきセキュリティ・レベルを確保できるとともに、データが漏えいした場合にもその原因や被害状況を速やかに把握し、しかるべき措置をただちに取ることが可能になる。データ漏えいに限らず何らかの事由により訴訟対応が必要になった場合でも、弁護士事務所に保全したデータを速やかに提出できるようになるため、訴訟対応費用の削減および弁護士費用の削減に効果を発揮する。

　しかし、日本企業ではまだECMの導入は本格化しておらず、ここまで述べてきたような企業情報マネジメントの実現に向けた取り組みは道半ばである。日本でのECM導入状況を見る限り、情報の漏えいや改ざんが発覚した企業がその後の対応策としてECMを事後的に導入して、これ以上の問題が起きない

ための施策として行われている例が多い。情報セキュリティの課題でもそうであるのだが、痛い目を自ら見るまでは本格的な取り組みをしない傾向にあると言えよう。まだまだ対岸の火事としてしか認識できていない経営層が多いことを示している。しかし、前述の NIS Directive や GDPR の施行といった諸外国の強制力によって、日本企業もビジネスを継続するためには対応せざるをえない状況になっている。日本企業はこのような外圧に対応するタイミングで、将来的な企業情報マネジメントの実現に向けた取り組みを並行して進めていく段階に入ったと認識すべきである。またこのタイミングを逃すと、ビジネス上のリスクを放置することにもなりかねないことを理解しなくてはならない。

⑶　ECM が持つ機能とその活用

　ここからは、日本企業が本格的に整備しなくてはならない企業情報マネジメントの基幹となるシステムである ECM について触れていこう。詳細な機能については次章に譲るが、ここでは、企業が具備すべき機能の中でどういったことが実現できるように ECM が作られているのか、これまでできなかった何ができるようになるのか、という点を確認していくことを目的に解説を加えていく。

　ECM は Enterprise Content Management の頭文字を取ったものであり、一般的にはマネジメント手法そのものではなく、企業の文書管理をつかさどるパッケージシステムを指すことが多い。ECM のソフトウェアはさまざまなものが存在しており、特にこの分野では欧米のソフトウェアベンダーが開発しているパッケージが主流となっている。

　日本製のソフトウェアはガートナーおよびフォレスターのレポートを見てもらえればわかるように、当該領域で著名なソフトウェアは存在していない。したがって、現在 ECM を導入している、あるいは導入しようとしている日本企

業は、欧米のソフトウェアを導入していくことになる。ECM に限らず、企業
の業務に適用するパッケージ製品に関しては、日本特有の環境（商習慣や言語）
に依存するものを除いては、グローバルスタンダードとなっているパッケージ
製品を導入する傾向が強くなっており、この傾向は今後も続くことが予想され
る。なぜならば、グローバルにビジネスを展開し、諸外国の法制にタイムリー

図表 8-3　ECM を開発しているソフトウェアベンダー

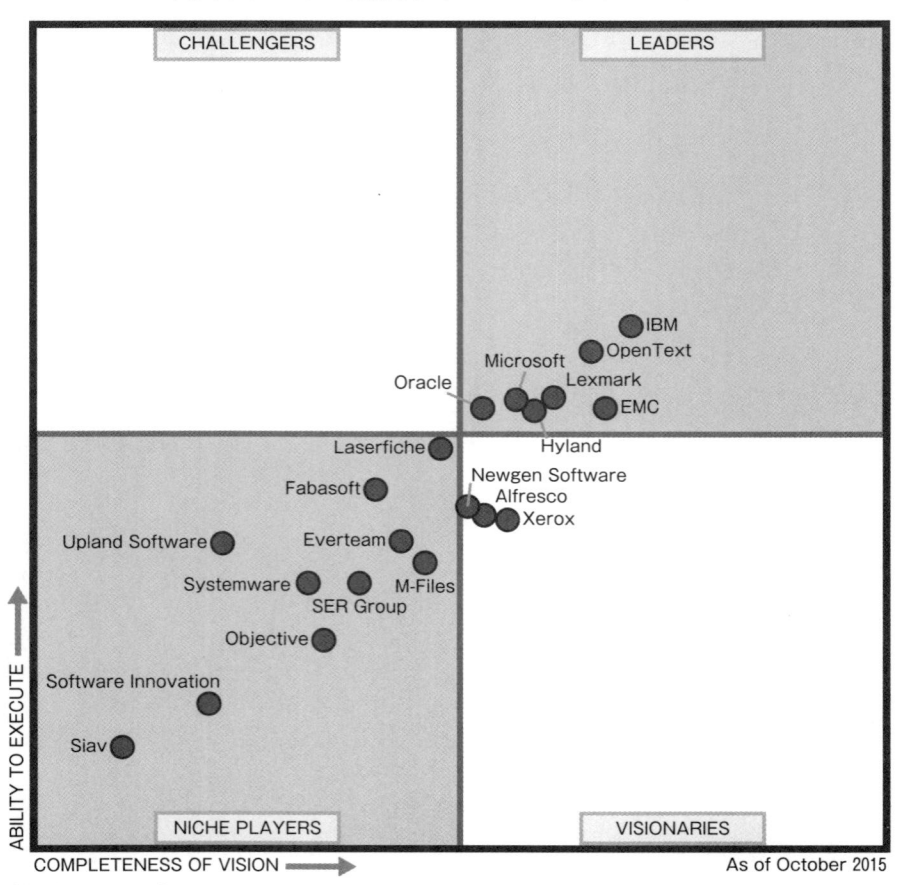

（出所）　Gartner「ECM Magic Quadrant for Enterprise Content Management」2015 年 10 月。

に対応しなくてはならないケースが増えている日本企業にとって、あらかじめ
対応しているグローバルスタンダード製品を採用するほうが迅速かつ安定的に
稼働させることができるからである。

　リサーチ結果に名前があがっているとおりさまざまな企業から ECM が製品
化されているが、それぞれの善し悪しは導入を考えている企業が直面している

図表 8-4　ECM を開発しているソフトウェアベンダー

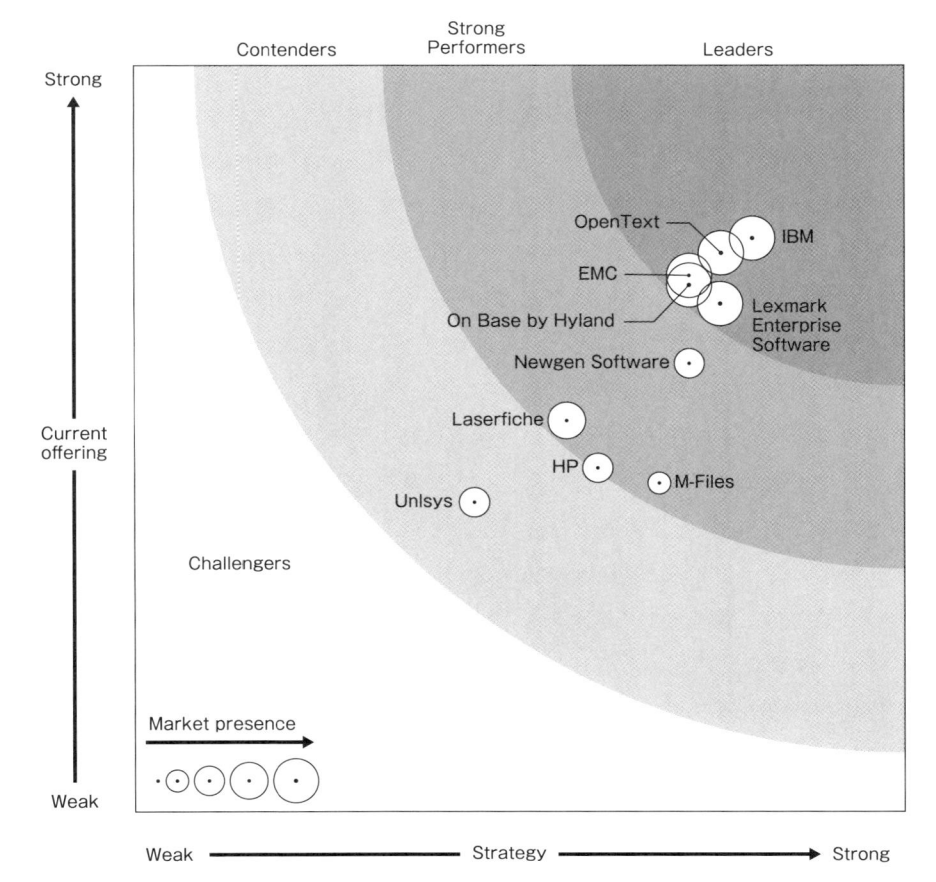

（出所）　Forrester Research「ECM トランザクションコンテンツ管理」2015 年 10 月。

課題やインフラの環境によって評価は分かれる。ここでは一般的に備わっている機能について触れていく。製品によってはここに記載している機能がないケースもあるだろうが、企業情報マネジメントの観点からECMが持っているべき機能ということで認識してもらいたい。

ECMは一言で言うと、文書（データ）の登録・取り込みから廃棄にいたるまでのライフサイクルのすべてをマネジメントすることができる仕組みを指す。通常、データはユーザーがコンテンツ・データとなる文書をパソコン等で作成する、伝票入力のように必要事項を入力することでデータベース内にデータが作成される、他のシステムとの連携や外部からのファイルを取り込むことで新たなデータが作成される、等のイベントを起点として発生する。

企業情報マネジメント上、データが発生した段階で把握すべき情報としては、文書の作成者（部門情報等も含む）、作成タイミング、書類の種類、重要性の区分（社外秘等）、等があげられる。これらの情報を一元的に当該データに紐付け、その後のイベントとして起こるデータの移動、複製、変更、削除のタイミングで、誰が、どこからどこへ、どのタイミングでその行為を行ったのかといった情報を時系列に管理する必要がある。最終的に古いデータは一定の年月を経た後に廃棄されたり、途中でリスク低減のために廃棄されたり、といった具合にデータが削除された際にも、いつ、誰によって、そのデータが廃棄されたのかまでをECMは管理する必要がある。

簡単に言うとこの一連のプロセスを一元的に管理する機能をECMは有している。当然、業務上の必要性から、あるいは訴訟に関わるフォレンジック（電子データ調査）のためといった目的から、条件に合致するデータを抽出できる機能や、その他のデータを適切に保護するためのセキュリティ担保のための機能（アクセス管理、ログのバックアップ等）も合わせて有している。

代表的なパッケージが有している機能をカテゴリ別に列挙すると、おおよそ以下のようなものになる。

●文書管理

- ライフサイクル管理
- 仕分け
- 開示範囲の制御
- トレーサビリティ
- ● 文書の一元化
  - メールのアーカイブ
  - ファイル・サーバーの連携
  - 基幹システムの連携
  - 他の文書管理システムとの連携
- ● プロセスの一元化
  - 操作（登録・編集・検索等）
  - ワークフロー
- ● e-Discovery 対応
  - Discovery 権限
  - 属性・全文検索
  - ホールド
  - コレクション・エクスポート

　その他にもデータをマネジメントするために有用な機能や、データ保護の観点で必要となる機能が実装されている。これらはデータを適切かつ安全に管理することにより企業のリスクを極小化することを目的としている機能である。例えば通常は、文書管理の対象となってくるのは企業内のファイル・サーバーにある文書データが主たるものだが、従業員が接続しているパソコン内のデータもすべて ECM が把握し、個人レベルの持ち出しや不正な変更を管理することが可能になる機能、セキュリティの確保を目的としてメールにファイルを添付できないようにしてファイル閲覧ができる人を制限する機能、等がこれにあたる。

　おおよそこのような機能を持った ECM の活用方法について、少し触れておこう。活用の仕方は採用するソフトウェアの機能にもよるが、さまざまな機能を有しているパッケージが多いこともあり多岐にわたる。システム・インフラの問題からデータが散在する傾向が強い日本企業にとっては、ECM の機能で最も重視して活用すべきものは、データの統合管理である。物理的にデータが散在している現在の状況を物理的に統合することは非常に困難である。しかし、ECM をうまく活用することによって物理的には散在しているが、論理的には統合して管理することが可能になる。ここは非常に重要なポイントである。データを集中的に管理し、どこに、どんなデータが存在しているのかを把握できていれば、アクセスをどのように制限するのか、日頃からどのようにデータをウォッチしておくべきか、といった次の施策を考えて実行に移すことが可能になる。

　現在は、どこから何をすればよいのかわからない状況にある企業が多いため、その意味では、まずデータを一元的に把握することから始めることが肝要である。すべてのデータを一元的に把握することを同時に実現することは難しいかもしれない。そこでまず、どのデータから優先的に ECM で管理していくのか、システム的な観点も含めて検討していく必要があるだろう。ECM 活用はまず、一元的に把握できるデータ量を増やしていく、というスタンスで取り組むことを念頭に置いてもらいたい。

3 グローバルスタンダードへの対応に向けて

　ここまで本章では、企業情報マネジメントを多くの日本企業で実現できていない原因と、その対応策となるクラウド・インフラおよび ECM について触れてき

た。クラウド・インフラへの移行や ECM の導入は、欧米企業では当たり前の企業情報マネジメントを実現するためのツールとなっている。日本企業にとっても、こういったグローバルスタンダードとしてのデータ・マネジメントを実践しなくてはならない状況にある。

　米国では既に NIST がスタンダードなセキュリティ・フレームワークとして機能し、取引を行ううえでの企業が対応しなくてはならない事実上の法制度とも言えるものになっている。欧州では米国 NIST のフレームワークに則った法制度が 2018 年に施行されることは既に述べたとおりである。日本では自国の法律や事実上の法制度と呼べるようなセキュリティ・フレームワークやデータ保護規制はまだ整備されていない。ISO27000 シリーズの認証を受ける企業が増えてきているものの、2017 年時点でこれが企業間もしくは政府との取引に関して規制をかけるものにはなっていない。そういう意味では、日本でビジネスを行う限りにおいてはそれほど意識する必要がない、ということも言えなくはない。しかし、地産地消で日本で閉じた購買を行い、売り先も日本向けに閉じている企業は、産業のグローバル化によって年々少なくなっている。上場企業のほとんどが海外から原料や部材を仕入れ、製品やサービスを海外へ輸出している。このような状況に鑑みると、もはや、日本で法整備がされていないから対応を急ぐ必要がないとは言えず、むしろ海外売上比率の高い企業が増加している昨今では、真っ先にグローバルの動きに合わせてさまざまな対応をすべきだと認識すべきである。

　残念ながら前述のとおり、日本企業は企業情報マネジメント、ことセキュリティに関連する分野ではグローバルスタンダードから大きく遅れをとっている。クラウド・インフラや ECM の導入も急ぐ必要があるものの、そういった取り組みを進めていく土台となるプラットフォームがグローバルスタンダードに対応していなくては意味がない。これは今のグローバルスタンダードに対応していない状況の中で、一部クラウド・インフラを導入したり、現在のインフラに ECM を導入したりしても、NIST や NIS Directive のようなフレームワークには対応できておらず、たんにデータ・マネジメント上では欧米企業に近づいたという意味でし

かない。

　グローバルスタンダードに準拠していない以上、いくら内部でセキュリティを強固にしていると主張したところで、欧米では企業や政府との取引をさせてもらえない可能性が高い。グローバルでビジネスを展開していくためには、インフラを含めてグローバルスタンダードに準拠していないと、法規制の中で制限を受けることになることを理解する必要がある。これは日本企業にとって大きなマイナスのインパクトである。既に欧州では法律の施行が確定しているにもかかわらず、多くの日本企業はこの動きに合わせた対応を進めていない。執筆時点の 2018 年3 月時点で、本格的な GDPR 対応を進めている日本企業はほとんど見当たらない。影響を軽視しているのか、欧州にある子会社が影響を受けるだけであると認識しているのか、いずれにしても動きが鈍いのは事実である。どういったケースで罰則規定が適用されるのか、ビジネスにどれだけの影響が出ているのかは現時点でははっきりしないとはいえ、法令遵守は当然のものであり、法令違反に対して厳格な対応を行ってくることが予想されるため、グローバルスタンダードへの対応が急務である。e-Discovery の対応ができている日本企業が少ないように、実際に欧米で訴訟を経験し、その大変さを痛感しなければ動き出せないのかもしれない。しかし、グローバルの動きは速く、技術の進歩も速い現代では、そのように痛感した時点では既に手遅れになっているかもしれない。企業経営上のリスクを正しく理解することこそ、日本企業の経営層に求められていることである。では、グローバルスタンダードに準拠していくためには、まず何をしていくべきなのだろうか。

(1)　NIST 対応プラットフォームの構築

　まず取り組むべきは、NIST 対応プラットフォームの構築である。クラウドの導入や ECM の導入、さらにはさまざまな業務用アプリケーションの構築にいたるまで、NIST 対応のプラットフォーム上に構築されていれば、適切なセ

キュリティを担保できていることを意味する。言い換えると NIST のフレームワークで定義されているレベルのセキュリティを担保したプラットフォームを、自社の環境として整備できているかどうかがグローバルでは問われているということである。

　NIST のフレームワークが欧米をはじめとする世界各国で使われていることに鑑みると、日本企業がまず取り組むべきは、NIST のどのレベルまで完全に準拠するのかを判断するということになるだろう。前述のように SP800 シリーズや、さらに詳細な技術要件を定義している SP1800 シリーズでは相当の分量におよぶ要件が定義されている。闇雲にこれら 1 つひとつに対応するということは多くの日本企業にとっては現実的ではないことに加えて、あくまでこれらはフレームワークとしての要件が定義されているため、詳細なマニュアルのようにどこをどうしなさいとは明示されていない。企業の環境に鑑みてどのように解釈して、本来目指そうとしているセキュリティを担保していくべきかを、整合をとりながら整備していくものとなっている。その意味では、正しく全体を解釈することから日本企業は始めなければいけないが、相当な分量の情報量となるため企業側で一から読み解いていくことは得策ではない。

　また、NIST のフレームワークの内容には、最新の情報が大量に入っているというものではなく、通常の企業であれば当然に対応しているであろう内容も含まれている。ISO27000 シリーズの認証を受けている企業であれば、さらに共通項は増えてくると考えられる。したがって、NIST 対応の自社プラットフォーム構築の第一歩は、NIST フレームワークと自社の現在の環境との差分を明確にすることである。そのためには NIST フレームワークの理解が第一歩となるが、先に述べたとおり、最初から読み解くことは相当の労力が必要であることと、解釈を間違うと結局は対応できていないプラットフォームが構築されてしまうため、差分の特定にあたっては NIST を理解している外部専門家を巻き込むことが肝要である。

　実際の手順としては、外部専門家の知見をうまく使いながら、自社の環境と

NIST フレームワークの差分抽出（いわゆるアセスメント）を行い、既に準拠できているもの、解釈次第で対応できるもの、新たな仕組みや機器を導入しなくてはならないもの、を明確にする。そのうえで NIST 対応プラットフォームをどのように構築するかの基本構想をまとめ、推進計画に落とし込むところまでを 1 つのフェーズとして一気にまとめ上げる。企業によって数カ月間でプラットフォームが構築できる場合もあれば、1 年以上かけて整備しなくてはならない計画になる場合もある。

　重要なポイントは、たんに NIST 対応プラットフォームを構築することが目的ではない、ということを念頭に置くということである。あくまでグローバルにビジネスを展開するうえでの、制限がかからない（不利な条件にならない）状況を作り出すことが目的であるため、企業によって優先順位が変わってくることに留意する必要がある。欧州で取引がある企業の場合には、2018 年 5 月の施行をにらんで欧州との取引が可能になる範囲で NIST 対応プラットフォームが構築されることを目指す必要がある。企業全体の NIST 対応プラットフォームがそれまでに完成する計画を策定できるなら問題はないが、差分と残された時間との兼ね合いによっては時間的に不可能というケースも多くあるだろう。その場合、欧州でのビジネスにおいて対応していないと問題がある範囲を特定し、その部分に集中的に投資して対応するほうが得策である。もっと言うと日本でビジネスをするための環境が NIST 対応ができていなくても、2018 年 5 月段階では問題がないということである。今後、欧米では対政府等特定の取引だけでなく、民間の取引の中でも NIST 対応の有無は問われることになることが予想されるが、まずは法制度上あるいは現行取引がある中で対応ができていないと不利益が生じるものを優先的に対応する計画を策定しなくてはならない。

　また、対応方法についてはシステムで対応して完全に担保することが理想的ではあるが、マニュアル作業も含めて全体のセキュリティ・レベルを担保する方法も当然考えられる。その意味から NIST フレームワークをどう解釈するか

は重要な要素であり、外部専門家の力量によって対応が左右されるところでもあるため、外部専門家の選定はしっかりと行う必要がある。事実上のグローバルスタンダードであるため、グローバルでの経験や知見が必須であり、欧米企業での対応状況を参考にできる環境を作り出せるような外部専門家を選定する必要があるだろう。

　執筆時点の 2018 年 3 月では、日本では残念ながら NIST 対応ができているかどうかを認証できる公的機関は作られていない。認証機関があればどういった点をクリアすれば欧米での取引に支障がないのかを、認証プロセスの中ではっきりとさせていくことが可能であるが、現時点では NIST フレームワークそのものの文書と、欧米企業の対応方法を参考に判断する以外に方法はない。今後、公的な認証機関が起ち上がれば各企業の対応は省力化できるようになるだろうが、グローバルにビジネスを展開している企業にはそれを待っている時間はない。このような状況をよく理解したうえで、自社でどのレベルまで対応しなければならないのか、いつまでに対応しなければならないのか、等について早急に整理をし、計画を策定する必要がある。

　NIST 対応プラットフォームを構築する構想・計画が策定できれば、その計画と並行して、あるいはその計画に既に含まれているクラウド化や ECM 導入を進めていくことになる。NIST フレームワークを実現するための手段としてクラウドや ECM を活用することは有効である。NIST 対応プラットフォーム構築の計画の中に、これらの手段を活用する計画を合わせて盛り込んでいれば理想的であり、後はそれを実行に移すのみである。このような効率的な計画策定を進めていくためには、NIST フレームワークの外部専門家とともに、自社のクラウドあるいは ECM 知見者を構想策定時に巻き込んでおくことが重要である。もし自社内にそのような知見者がいない場合には当該分野の外部専門家を招聘することが有効な手段になる。法制度等の外圧のためには待ったなしの状況にあることを勘案すると、この構想・計画策定は非常に重要な取り組みとなる。思いつきで対応できる内容ではないことはここまでのところで理解して

いたとしても、具体的な行動に移すための道筋は企業によって異なる。そのため、その道筋を作らないと行動（作業）に移すことができない。特に穴を作ってはいけないサイバーセキュリティや情報保護の部分は、全体の整合性を見ながらセキュリティホールができない計画に落とし込む必要がある。重要なポイントなので時間をかけて取り組みたいところだが、時間的制約があるのも事実であるため、この見きわめが非常に難しい。経営層も巻き込みながら構想・計画策定を終える必要があるため、意思決定ができるレベルまでオプションを落とし込めるかが鍵となる。自社で進めることが難しいのであれば、プロジェクト全体を外部専門家に委ねることも考える必要がある。最優先すべきはこの構想・計画策定であり、まずはこのフェーズに必要な資源を集中することを念頭に置くべきである。

　グローバルにビジネスを展開するためには、セキュリティ面（企業情報マネジメントの実現を含む）でのグローバルスタンダードに準拠することは必須事項である。今後、日本でも NIST への対応は取引上必須となる可能性も高いため（日本独自の基準が設定されて、グローバルに向けて発信されるという可能性は低い）、このタイミングで NIST 対応プラットフォーム構築を行うことが、多くの日本企業にとってはベストの選択と言えるのではないだろうか。

(2)　日本企業に適したハイブリッド・クラウド

　次に、NIST 対応プラットフォーム構築を進めていく中で必ず検討の俎上に上がるクラウドの活用について触れておこう。多くの日本企業ではクラウドの活用を推進してきているものの、本格的な活用に至っている企業はまだまだ少ない。ここで本格的と言うのは、クラウドのサービスやクラウド上に自社システムの基幹業務を構築して使っているような例である。ほとんどのシステムがいまだオンプレミス上に展開されていることが多い日本企業では、営業の一部業務やメールといったバックオフィス系のフロントシステムをクラウドに切り

替える程度にとどまっており、最終的にデータが格納されるデータベースはオンプレミス上に存在している。

　このようなケースでは、子会社ごとにそのデータは物理的に離れているため、前述したクラウド上での統合を検討せざるをえなくなる。そうしないと NIST フレームワークに準拠した仕組みを構築するためには、個社のシステムごとに対応をしなくてはならなくなり、時間とコストを多大に費やす必要が生じてしまう。そこで必ず議論になるのは、どの部分をクラウド化するかという点である。すべてのシステムがクラウド上に乗れば、セキュリティ担保の観点からも非常に有効なプラットフォームになりうる。NIST フレームワークでもクラウド化を推奨しているため、グローバルスタンダードへの準拠も容易になるだろう。しかし、システム・インフラの状況からは容易に移行できないことはここまでで触れてきたとおりであり、オンプレミスのシステムを最小限にし、クラウドに少しでも多くのシステムを集めていくということを検討しなくてはならない。

　つまり、日本企業はハイブリッド・クラウド（オンプレミスとクラウドが併存するシステム環境）での NIST 対応プラットフォーム構築が前提となるため、その企業にあった最適なハイブリッド環境を設計することが NIST 対応への近道となるということを意味している。多くの日本企業が既にハイブリッド・クラウド環境下にあるのだが、これまではクラウド化していくことをトレンドとしてとらえ、できるところからクラウドにリプレイスしてきたのが正直なところだろう。クラウド化を進めていくところまではおおまかなロードマップは想定されていたかもしれないが、その中に NIST フレームワークへの対応を盛り込んで進めてきた日本企業はほとんどない。実はクラウド化していくことは、NIST フレームワークが推奨していることではあるものの、たんにクラウドを採用すればセキュリティ要件が満たされるという代物ではない。ハイブリッド・クラウドの場合はオンプレミスが併存することになるために、設計を間違うと社内の環境とインターネットが接するポイントをいたずらに増やすことにな

り、かえってリスクを増大させてしまうことにもなりかねない。実はセキュアなハイブリッド・クラウドのほうが設計が難しいのだが、日本企業は図らずも既に現在の環境がハイブリッド・クラウドになってしまっており、そこに新たなセキュリティ・フレームワークが入ってくることによって、さらに複雑な問題になっていることを認識する必要がある。

　それでは、どのように最適なハイブリッド・クラウド環境を構築していけばよいのだろうか。ここでは現在の環境と NIST フレームワークとの差分については認識ができている、つまり先に述べた構想・計画策定の最初の段階はクリアされていることを前提として考えてみよう。NIST フレームワークの観点と企業情報マネジメントの観点の2つを満たす環境を構築していく必要があるが、まず最優先されるべきは NIST フレームワークである。リスクが存在する（現行の環境に対して何らかの改善をする必要がある）部分を明確にし、そのリスクを解消するもしくは極小化するための監視を行うことが基本となる。したがってリスクになりうるインターネットと接するポイントを極小化していくことは非常に大事なポイントとなるため、複数のクラウド・サービスを利用している場合にはそのサービスの統合を考慮するとともに、そのクラウド・サービスのセキュリティ・レベルを正しく把握することを最初に行わなければならない。それに加えて利用しているクラウド・サービス上にどのようなデータが置かれているのか、あるいは置かれることになるのか、個人情報が置かれているのか、機密情報が置かれているのか、等を検証する必要がある。この段階では、企業内のセキュリティ・ポリシーに反して置かれているケースが少なくない。それだけ簡単にクラウド・サービスは利用することができ、簡単に企業内のデータをクラウド上にアップロードできるものだということである。そのため、機密データが不用意にアップロードされないかどうかを監視する仕組みを用意したり、そもそもそのようなデータ連携をできなくするツールの導入を行ったりする必要がある。

　このようにクラウドを活用するうえでは避けることができないインターネッ

トとの接点に、どのようなリスクがあるのかを明確に把握し、そのリスクを排除する手立てとして導入するツール類（ECM がこの役割を果たす場合もある）をどうするかを検討していくことが重要なポイントとなる。外部連携の際に発生するリスクを特定し、その対策を講じた後にやるべきことは、内部のリスク（アセスメントにより明確になった差分）に対応するオプションの洗い出しである。ここではクラウド化することにより対応できるものもあれば、ECM のようなツールを導入すればすむもの、あるいは現行のアプリケーションを作り替える必要があるもの、といった具合にオプションが複数存在する。それらのオプションを並べたうえで、先ほどのインターネットとの接点での対応を合わせて最適なハイブリッド・クラウドの形を考えることになる。

　なるべく単一あるいは限られた数のクラウド・サービスでカバーできる部分を大きくすることを検討しなくてはならないため、どのようなクラウド・サービスを選択するかは重要なポイントである。企業が戦略実行あるいは業務プロセス遂行で使わなくてはならない特別な理由がある場合は別だが、制約事項がそれほどないならば FedRAMP 対応を謳っているクラウド・サービスのように、企業側が意識せずともグローバルスタンダードとして認定を受けているサービスにシステムを寄せていくほうが、構築そのものは容易である。また、一度にクラウドに乗せていくことは、データ移行等を含めて難しいケースがほとんどであるため、徐々に移行していく計画を策定することも重要なポイントである。ハイブリッド・クラウドは徐々に構築してそのレベルを上げていくということを念頭に構築を進めていくことになる。

　日本企業に適したハイブリッド・クラウドという文脈からは、グローバルスタンダードに対応していることがわかっているクラウド・サービスを優先して活用することが有効である。自ずと日本製のクラウド・サービス活用の優先順位が下がってしまうが、今後の日本での法整備やグローバル企業への対応というところを勘案すると、徐々に日本製であっても FedRAMP 対応やその他の法制度対応を謳うクラウド・サービスが増えてくるはずである。その時点で活

用を再度検討していけばよいので、対応を急ぐ必要がある現在としてはグローバルスタンダードのサービスを利用することを念頭に置くべきである。後はオンプレミスでの管理対象を極小化できるよう範囲を決めていくことになる。留意すべき点は徐々に移行するということを前提に計画を策定することである。オンプレミスでシステムが散在してしまっているので、対応のスピードを速めようと考えると、多くの機能をクラウドに持っていこうとしてしまう。しかし、クラウドを含んだアーキテクチャー構成の経験が少ない企業では、本番移行の際に多くのトラブルを抱えてしまい、結果として本番稼働が大幅にずれ込むようなケースは枚挙に暇がない。なるべく小さな移行ですむようにシステム（サービス・機能）を細分化し、徐々にクラウドにシフトしていく形で、最終的な形としてオンプレミスに散在させてしまうリスクを極小化できているような進め方を指向しなくてはならない。

　最後に触れておきたいのは、日本企業の悪い癖であるのだが、セキュリティやデータ・マネジメントへの対応を検討する際に、入口のことばかりに意識がいってしまいがちである点である。日本企業はセキュリティというと、外部から侵入してくるハッカー、データ・マネジメントというとデータ作成時のログ取得というところに目がいきがちであり、ここさえしっかりと対策できれば後は大丈夫という考え方に陥りがちである。NIST フレームワークでは、侵入だけでなく、その検知や侵入された後の対応まで定義している。侵入前のところに気をとられすぎることで、内部からのデータ持ち出しを検知できず、持ち出し後の影響範囲もすぐに判別できないといった事象に陥らないように検討を進める必要がある。グローバルスタンダードのクラウドに統合していくので対応は万全だということではなく、そのクラウド上に構築されるアプリケーションやマイクロ・サービスに脆弱性がないのか、その運用を行う人がデータを持ち出してしまうことはないのか、予想外の動きでもしデータが新たなルートで登録された場合に検知することは可能なのか、といったライフサイクルでの対応を NIST フレームワークに沿って構築することが重要である。ハイブリッド・

クラウドは、さまざまな要素が複雑に絡まってくるため、非常に構築が難しい
ものである。しかし、日本企業はこの難作業をクリアしながら NIST 対応プラッ
トフォーム構築を進めなくてはならない。その点を意識した自社にあった日本
版ハイブリッド・クラウドの構造を、構想・計画策定段階で明確にしておく必
要がある。その際に助けとなる情報・ツールが ECM であり欧米企業の先例で
ある。次章ではその ECM について、詳細な解説を加える。

第9章

構築が急務となる
企業情報システム（ECM）

1 立ち遅れる日本企業の情報ガバナンス

(1) 2020 年、データを管理できなくなる日

2014 年 4 月、世界有数のストレージ・デバイス・メーカーである米 EMC 社（現、Dell EMC 社）と、同じく世界有数の IT 関連調査会社である IDC 社による共同調査の内容が世界的な話題になった。『デジタル・ユニバース・レポート』[1] と題して 10 年近く続けられていたその調査によれば、全世界で生成されるデジタルデータの量は、2005 年の 132EB（エクサ・バイト、エクサは 10 の 18 乗）に対して、2020 年には 44ZB（ゼタ・バイト、ゼタは 10 の 21 乗）に達するとの予測が発表された。つまり、四半世紀の間に、人類が扱うデジタルデータの総量は 333 倍に達することになりそうだという内容だった。

現在、世界最大のデータセンターは米 Google 社が運用するものだと言われている。米 Cirrus Insight による試算[2] によれば、Google 社のデータセンター

---

1   https://japan.emc.com/leadership/digital-universe/index.htm#Archive
2   https://www.cirrusinsight.com/blog/much-data-google-store

は 2016 年段階で 10 エクサ・バイトのデータストレージを保有しており、それだけで 3,000 万人をカバーすることができるデータ量とのことである。一方、このことは、Google 社をもってしても、『デジタル・ユニバース・レポート』が示す 44ZB をカバーするには 4400 倍のデータストレージが必要ということでもあり、今後いかにデータが増大していくと予測されているかがわかるかと思う。もっとも、この 44ZB のうち、大部分が映像配信などのストックされないデータであり、実際にストレージが必要とされるのは、そのうち 15％程度のようであるが、それでも 2014 年時点（4.4ZB）から 2020 年にかけて、ストレージを必要とするデータの量は確実に何倍かには達すると考えられる。

　また、『デジタル・ユニバース・レポート』の発表の席では、企業ユーザーに向けてさらに詳しい予測が説明されたことが報道されている。

　　「IDC Japan の調査によると、2014 年に 1 人の IT 部門が管理すべきデータ量は 230GB だが、2020 年には 1231GB にまで拡大する。しかも、本来保護すべきデータのうち、半分は現状保護されていないという調査も出ている。その一方、IT 部門の人数が 30％弱しか増加しないため、効率化を推進しないと、データ管理は難しい。オペレーションだけではなく、

図表9-1　2020 年までに起こるデータ量にまつわる企業への影響

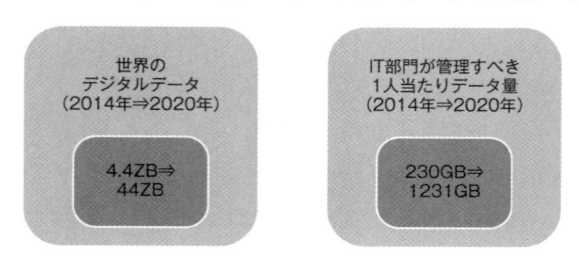

　　（出所）　2014 年　IDC、EMC『デジタル・ユニバース・レポート』。
　　　　　　（https://japan.emc.com/leadership/digital-universe/index.htm#Archive）

　　CDO（Chief Digital Officer）のようなデータ管理や活用を管轄する人材
　　も必要になってくるという。」[3]

　『デジタル・ユニバース・レポート』による長年の調査結果を見ると、デー
タ量は2年おきに長期的に倍増していく傾向にある。企業においても同様に、
管理すべきデータは同じ速度で増加していくことは容易に想像できる。

　デロイト トーマツにおいても、クライアント企業から依頼される不正調査
やディスカバリーといった場面で、大量のデータを扱うことは当然となり、そ
の扱いは年々難しくなってきている。調査の対象となる情報は毎年のように増
加し、そのために必要とされるITリソース、人員数、作業にかかる時間も比
例して増加しており、クライアント企業が負担するコストもそれに合わせて増
える一方である。

　一方、ITの発展は必然的にデータ量の増加を伴うことも確かである。現在、
世界的な取り組みにまで発展している、IoT（Internet of Things：さまざまな
モノをインターネットに接続させる取り組みのこと）やAI（人工知能）といっ
た最先端の分野では、むしろ膨大なデータを活用したさらなるサービスの開発
が期待されており、また、そうした技術が、少子高齢化に伴う人的リソース不
足や働き方改革といった社会課題の解決につながるものとして期待されている
以上、データの増大そのものを否定したり、拒否することは難しいであろう。

　こうした企業内のデータに関する課題解決は、直接的には各企業のIT部門
への期待となるが、ここにも問題がある。2016年6月、経済産業省が発表し
た『IT人材の最新動向と将来推計に関する調査』[4]では、2020年時点でわが国
が抱えるIT人材の総数92.3万人に対して、不足数は36.9万人にも及ぶ可能性
があるとされている。また、わが国の人口動態そのものの変化の影響もあり、
ITに関わる産業人口そのものが減少するため、2030年にはIT人材の総数が

3　　ASCII.jp『IoTのデータに埋もれる前に企業がやっておくべきこと』（文・大谷イビサ／ TECH.
　　ASCII.jp）。2014年4月21日：http://ascii.jp/elem/000/000/886/886040/
4　　http://www.meti.go.jp/press/2016/06/20160610002/20160610002.html

85.7万人となり、一方で不足数は78.9万人に達する可能性があると指摘する。

　ITとは、端的に言えば効率化の技術であり、既存のビジネスプロセスの一部を徐々にITに置き換えることによって、企業の収益に貢献してきた。その結果、IT化の進展とともにビジネスプロセスが効率化される一方で、ITそのものにかかわる人員は逆に増加するといった事態が起こっている。

　現在、ITに関する企業が抱える最大の課題の1つは、ITそのものが生み出す資産（＝データ）の増大がITの管理を難しくしているということである。また、その業務に従事する人的リソースは減少していく一方で、データの増大そのものは抑制できないという行き詰まりの状態を克服しなければならない。さまざまなビジネスプロセスの効率化を果たしてきたIT自体を、どのように効率化していくかが求められている。

(2)　管理不能なデータはこうして生まれる

　ここで、デジタルデータと人間のかかわりの変化を見ておきたい。コンピュータの黎明期において、データとはコンピュータにとって理解できるような数列の集合を意味していた。まだ、能力的に未熟であったコンピュータにデータを読み込ませる際には、人間の側でコンピュータが管理できる形でデータを成型することは当たり前のことであった。この時代のデータとは、あくまでもコンピュータのものであって、それに沿って定義され、生成されるべきものであった。

　1972年、米国の計算機学者アラン・ケイ（Alan Curtis Kay）によって、個人のためのコンピュータ、すなわちパーソナルコンピュータ（パソコン）の概念が提唱され、70年代半ばには、コモドール社、アップル社といったメーカーから、現在の我々が使うパソコンの原型が出現した。単なる計算機の延長でしかなかったコンピュータは、人間の生活や行動を支援する機械へと、そのあり方を変化させていった。

　この変化はデータにも新たなる役割を与える。人間を支援する機械であれば、

　そのデータは人間のために作られるデータであるはずであり、人間が理解できるような内容を持ったデータでなければならない。ただし、人間が人間のために作るデータは、必ずしも定義されておらず、また、定義されていたとしても個々人や、所属する組織の違いによってばらばらの定義が付与されることになる。こうして、パソコンの誕生によって、人間のためのデータ、すなわちコンピュータには管理できないデータをコンピュータ上で生成することが求められるようになっていく。もちろん、こうしたものを直接管理する手段をコンピュータは持っていない。もっとも、この時点では、このことは大きな問題とはあまり認識されていなかった。大きな変化は 1980 年代の最後の年にはじまる。

　1989 年、Lotus Development Corporation は画期的なソフトウェアをリリースした。Lotus Notes と名付けられたその製品は、電子メール、電子会議室、スケジュール管理、掲示板など、人間が人間のために作るデータを共有し、個々のコンピュータ間で連携できる機能を備えていた。各コンピュータに分散したデータを集約するデータベース構造を持ち、必要なデータの複製を自動的に行い、また、柔軟にカスタマイズ可能な汎用性を備えていた。IT（Information Technology）の誕生である。

　IT を活用することによって、コンピュータを媒介し、人間は人間のためにさまざまな情報のやり取りを行うようになる。1990 年代半ばには、インターネットの普及も始まり、世界中のコンピュータがネットワークに接続されるようになると、その情報のやり取りは加速的に拡大していった。

　そういった変化はデータにも影響する。IT の進展によって新たに生成されるデータの多くは、その経緯から人間が人間のために作ったデータであり、現在では、全デジタルデータの 8 割以上がこういったデータに該当すると考えられている。

　こうして、コンピュータのためのものであったデジタルデータは、技術の進歩や、人間の活動によって、やがて、人間のためのものになっていった。『デジタル・ユニバース・レポート』の警告にある、増大するデータの具体的な中

身は、こうした人間のために生成されたデータの増大を指していると考えるべきである。

　データ・マネジメントの観点からは、こうしたデータを区別して理解している。定義の仕方は数多くあるが、一般的には、明確な定義を持ち、コンピュータにとって容易に理解、管理可能なデータを構造化データ（定型データ）と呼び、人間のために作られ、明確な定義を持たないデータを非構造化データ（非定型データ）と呼ぶ。また、構造化データがそれぞれ持つ定義そのもの、すなわちデータを定義するためのデータをメタデータと呼んで、別途区別している。

　情報ガバナンスを考えるうえで最大の課題になるのが、この非構造化データの取り扱いである。非構造化データは明確な定義を持たないために、どういう形であるのか、どういう目的であるのか、どこにあるのか、といったことをデータ自体からは必ずしも把握できない。別の言い方をすると、確実なメタデータを持たないデータということになる。そのデータの定義は、作成した人間、複製した人間、加工した人間、送信した人間といった、それぞれの個人の認識の中にある。構造化データのように定義されたデータであれば、そのデータの取り扱いに関してトップダウン的な判断が期待できるが、非構造化データの取り扱いに関する判断には、コンピュータの中にはない多くのバックグラウンド、すなわち個々の人間の認識を把握する必要がある。

　人間が持つそれぞれの認識が失われた場合、例えば企業内で起こりうることとして、担当していた従業員の退職や、担当者が過去の経緯を忘れてしまった場合や、あるいは引き継ぎのミスなどが発生すると、非構造化データはその取り扱いに関して意思決定が行えないデータとなってしまう可能性がある。

　また、どこにあるか、すなわちサーバー上なのか、誰かのパソコン上なのか、あるいは USB メモリ内なのかといったことがわからない場合には、そのデータを探すことの困難さを伴うのは明らかだ。また、そうなってしまうと、そのデータが存在しているのかどうかという事実関係すら怪しくなってしまう。

　ITの発展は今後も拡大し、企業においての活用も継続的に進んでいくことであろう。それに伴い非構造化データが増大していくこともまた明白だ。非構造化データは、コンピュータがより高度に人間を支援することそのものを原因として存在しているからである。

　しかし、非構造化データはその中身や、存在すらそのままの状態では把握が困難なデータである。すなわち、企業にとってリスクがあるかないかということすら容易には判断できないデータが、今まさに増大し続けている。

(3)　顕在化する文書リスク

　非構造化データとは、企業内において具体的にはどういった内容を指しているのだろうか。具体的には図表9-2のような、各々の従業員が実際の業務において生成し、取り扱っている各種文書がそれにあたる。電子メールや、プレゼンテーション・ファイルといったように、まさに身近で取り扱われている文書こそが、企業における非構造化データということになる。

　こういった非構造化データ、すなわち文書にまつわるリスクに対して、企業はどういった対応を行っているのかについて、興味深いレポートがある。2015年、情報処理学会にて報告された『日本の組織の電子文書管理の実態調査』[5]によると、企業が策定・運用している文書管理規則のうち、リスク緩和（特許関

図表9-2　構造化データと非構造化データの分類

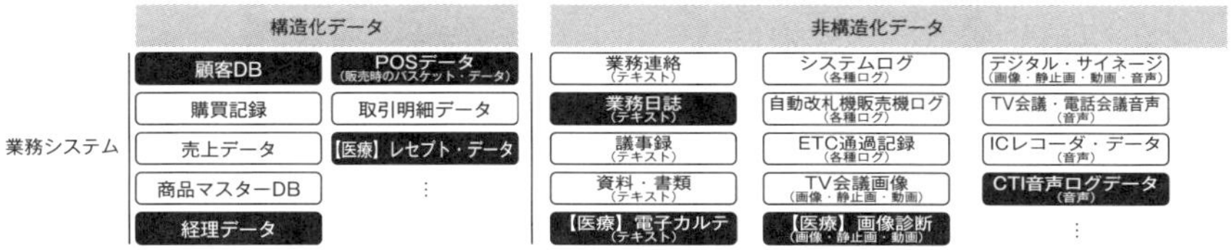

連、PL法関連、訴訟関連、バイタル・レコード）を目的の上位として掲げているのは、全体の13%にすぎないとのことである。文書管理規則は企業にとって文書の取り扱いに関する、言わば憲法にあたるものであるが、法令遵守（63%）、内部統制（48%）といった内容と比べて、リスクに関してはそこまで優先度の高いものとして捉えられていないように感じる。また、管理の対象となる文書に関しても、電子メールや非公式文書（仕掛中文書、ドラフトなど）まで対象となるケースは少数にとどまっている。

　実際の文書管理オペレーションに関しても、例えば、ディスカバリー対応などでは必ず必要となる訴訟ホールド（リティゲーション・ホールド）に関する対応においては、8割の企業で対応手順そのものが用意されていない状況である。

　それでは、文書にまつわるリスクは、どのように顕在化するのだろうか？

図表9-3　文書管理規則の策定・運用目的

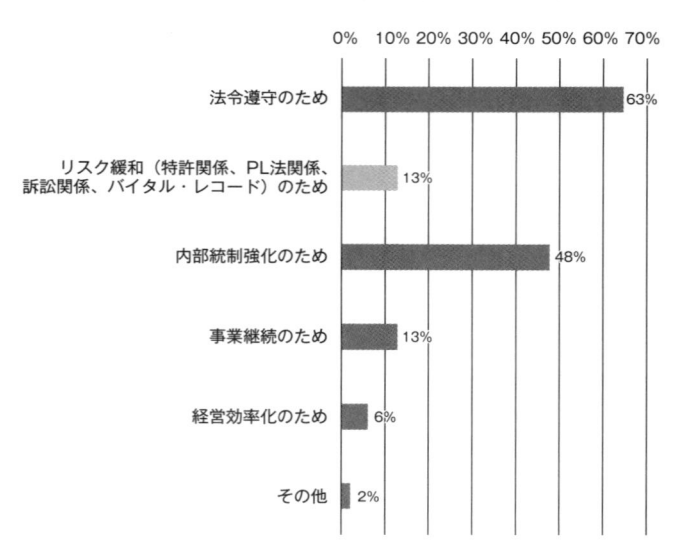

（出所）　2015年　情報処理学会『日本の組織の電子文書管理の実態調査』。
（http://lab.iisec.ac.jp/~harada_lab/lab/2015/IPSJ-EIP15070011.pdf）

図表 9-4　文書管理規則の対象電子データ

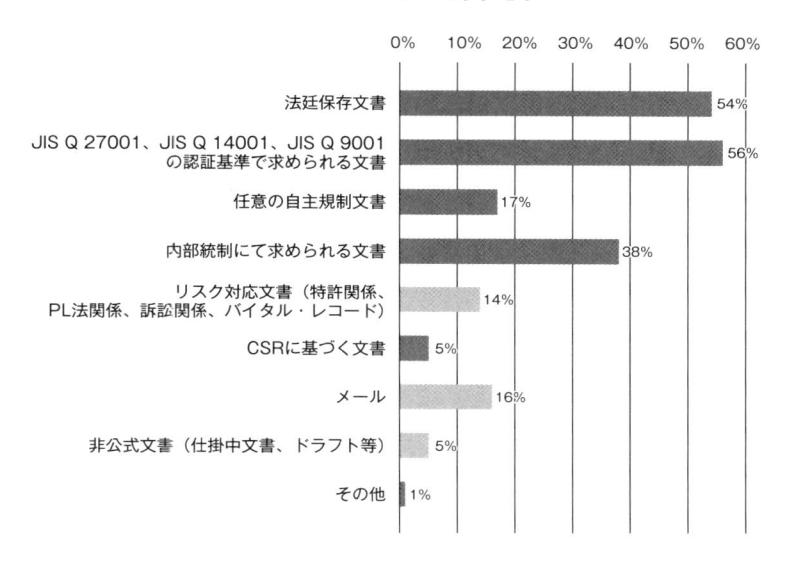

（出所）　2015 年　情報処理学会『日本の組織の電子文書管理の実態調査』。
（http://lab.iisec.ac.jp/~harada_lab/lab/2015/IPSJ-EIP15070011.pdf）

例に沿って見てみたいと思う。

　A 社は、米国の競合他社による特許侵害訴訟を抱えていた。A 社の文書管理規則においては、電子メールは送受信の日付から 1 年後にはメールサーバー上から削除されるようになっており、また、アーカイブとして情報システム部門は 3 年間保存することが決められていた。一方、A 社のビジネスは長期の研究開発によって創発される技術によって成り立っており、今回の訴訟対象となる特許は、そういった研究開発の成果の 1 つであった。

　当初の目論見では、ディスカバリーの対象となりうると考えられる電子メールは、文書管理規則において保存が決められたこの 3 年間が該当すると見込まれていた。情報システム部門は文書管理規則に沿って管理しており、アーカイブから当該データを抽出すれば、電子メールに対するディスカバリー対応としては完了するはずだった。

図表 9-5　訴訟ホールド対応手順の作成状況

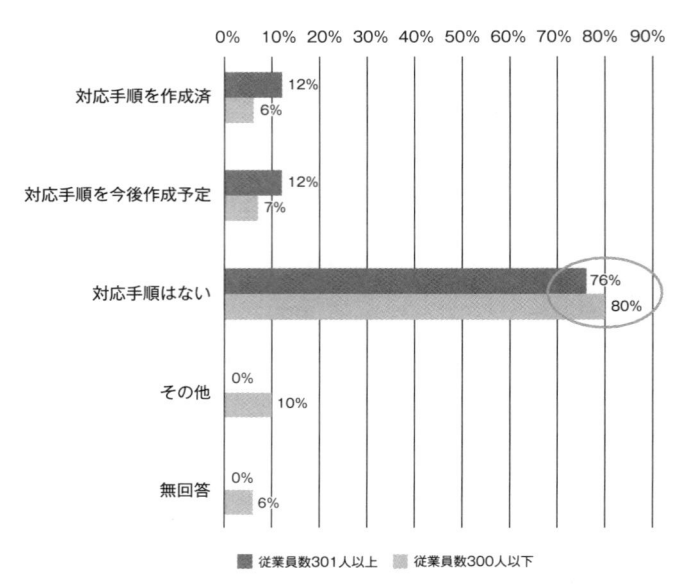

（出所）　2015 年　情報処理学会『日本の組織の電子文書管理の実態調査』。
（http://lab.iisec.ac.jp/~harada_lab/lab/2015/IPSJ-EIP15070011.pdf）

　ところが、ここで予期せぬことが明らかになった。研究開発部門の従業員は、個々にメールをダウンロードして保存しており、その保存期間や保存範囲もまちまちだった。また、手元のパソコンのハードディスクに収めている従業員もいれば、外付けハードディスクや USB メモリに保存していたデータを紛失してしまった従業員もいた。A 社においては、文書は個々の判断によってバラバラに管理されていたのが実態であり、情報ガバナンスの実質が伴わない会社だったのである。

　こういったケースにおけるディスカバリー対応としては、こうしたバラバラに管理されたメールをすべて完全なかたちで集約することを法律家から求められるということはおおいに考えられる。しかし、実務として個々の従業員がバラバラに管理している文書に対して、完全な集約を保証することは、誰にとっ

ても極めて困難であろう。明らかになった時点で、何がどこまでどこに存在するかがまったくわからない状況であるので、課題の大きさすら把握することは困難である。

また、こういった文書管理の揺らぎが、訴訟戦略そのものに動揺を与えるといったこともおおいに考えられる。実際に、ディスカバリー対応において問題になるのは、まずはそのコストだと言われている。米国における訴訟においてディスカバリーにかかるコストは、全訴訟費用の 60％に及ぶとの試算もある。そのコスト高の原因の 1 つが、こうした文書管理の揺らぎに起因した、ディスカバリー範囲の拡大にある。訴訟や不正調査は常に決められた時間の中での勝負となる。時間が制約された中での、実態把握と同時並行する対象の拡大は、外部事業者による集中的な追加リソースの確保といった手段を取るか、訴訟戦略そのものを見直すかといった、コストとリスクのトレードオフを判断することが求められる。実際に、A 社はこの課題解決のために莫大なコスト負担を選択した。

こうしたケースにおける問題は、どこにあったのだろうか。まずは文書管理規則そのものに、リスク・マネジメントの観点が抜けていたことを指摘すべきであろう。A 社の文書管理規則は法定保存文書や内部統制といった点では優れた内容だった。一方で A 社の場合には、長期の研究開発によってビジネスが成り立っている以上、文書を長期にわたって残しておきたいという動機づけが従業員にあった。そのため、サーバー上から 1 年で消えてしまうという文書管理規則そのものに 1 つの大きな課題があった。

また、ルールだけではなく、そういった場合の保存手段についても、A 社には統一的なツールが用意されていなかったことも指摘せざるをえない。もし、統一的に管理されていなかったとしても、そういった文書が決まった場所に保存されてさえいれば、少なくとも課題としての大きさや、問題点の把握は容易になったはずだからだ。

そして最後に、A 社はそうした状況を把握していなかった。文書の管理の

あり方が企業にとって一定のリスクを生むことに A 社が無関心であったとは思えない。実際に、こういった個々の文書管理が問題であることは、A 社の中で共有されていたようだ。しかしその一方で、現状把握に努めようとした形跡はなかった。

　わが国の企業文化において、リスク管理の視点が抜け落ちているのではないかという指摘は、これまでもさまざまな場面で議論されてきたように思う。本書で取り上げる文書情報の分野においても、同様の議論が必要になっている。

(4)　日本企業は、なぜ文書に蓋をするのか？

　A 社の文書管理規則においては、文書管理の実務は委員会によって検討され、実際の細則などが合議によって決定されていた。委員会は各部門より部門長が指名する特定の従業員によって構成され、委員長は総務部門の部門長がその任に当てられていた。

　意思決定が分散し部門横断的な運用方針を求められるテーマは、こうした委員会制による運用を選択するというケースが日本企業においてはよくあることだと思われる。また、管理の代表者として総務部門長を設定してはおくものの、管理責任は各部門長などに分散して個別に設定しておき、部門間の調整によって実際の運用を行うといったケースも多く見られる。いずれにせよ、責任自体は分散しておき、各課題に関しては各部門の要望や課題に対して、合議によってそのあり方を決定し、また、それを前提として運用の柔軟性を担保するために、規則そのものには解釈の余地を残しておくというやり方である。

　こうしたボトムアップを主体としたやり方は、法廷保存文書の管理など、比較的課題が具体的に見えているものに関しては極めて有効に機能すると考えられる。全員が同じ課題に直面している状態では、お互いの知恵や経験を交換することで、個々の部門における最適な方法論を短期間で創出することが期待される。また、複雑な業務プロセスや現場レベルなどの業務内容に寄り添った形

への対応に合致しており、日本の企業文化に合った形であると言える。

一方で、リスク管理はその性質上、顕在化した際には、トップダウンによる判断を求められるケースが数多く認められる。こういった場合に、もともとの運用がボトムアップで成立していた管理に対して、トップダウンとしての方法論で解決を求めるというのは、相性の良いやり方とは言えない。リスク管理に必要なトップダウンの判断材料として求められる、全体的な把握や構造的な理解といった視点が、ボトムアップ型の管理の中で構築された仕組みの中には存在していないことが多々あるからである。こうした場合、判断に際して、状況把握そのものに時間やコストが発生したり、あるいは把握そのものができなかったり、といったことが起こりうる。A社の例もまたその1つとしてとらえることができるであろう。

ディスカバリーの本場である米国では、レコード・マネージャーのような文書情報管理の責任者を配置することが一般的である。レコード・マネージャーは企業内の文書情報に関する責任を持ち、また、管理に関係する権限が与えられている。また、CDOのように、経営者をその任に当てることで、より広範に、より優れた管理体制を整備しようとする試みも見られる。こうした体制による管理は、責任者からのトップダウンにより行われ、規定類やそれを実現するツールなども部門や業務を超えて標準化されていくので、リスク管理と体制の乖離が少なくなる傾向にある。

一方で、トップダウンが文化として根づいている米国とは異なり、日本の企業においては、文書情報管理に限らず、ボトムアップ型の制度設計を選択する場合が数多く見られる。そうした制度設計においては、リスク管理をどうするかという視点を別途に強く意識する必要があるように思う。こうした視点が失われてしまうと、文書に関するリスクの存在を理解していながらも放置するという事態が起こることになる。

企業が情報ガバナンスを見直す際には、まずは個々の企業が現在どういった体制で、どういったルールにもとづいて文書情報管理を行っているかを理解し

ておく必要がある。特に、企業文化に由来する部分は、変革が困難であったり、あるいは変革そのものが既存の業務やビジネスにとって別の影響を与えてしまったりというようなことが起こりうる。また、情報が分散して管理されている場合、どこまで分散しているか、すなわち前述の、サーバー上なのか、誰かのパソコン上なのか、あるいは USB メモリ内なのかといったように実態を把握しておかないと、変革そのものに係るコストや期間の算出もできないということになるであろう。

(5) 情報ガバナンスを立て直し解決するための対策

これまでの論点を整理しよう。

第1には、情報の拡大そのものの問題がある。デジタルデータの総量は、人間の管理可能な範囲がどこまでかという議論とは別に拡大しており、また拡大そのものを止めることも難しい状況になっている。企業においても、管理の必要なデータは拡大しており、対応の遅れは将来のコストやリスクの増大を意味している。

また、それらのデータのうち大部分を占める非構造化データ、すなわち企業における文書情報の管理は特に難しいこと、そしてその対処は現実的に遅れていることを指摘してきた。多くの企業において、文書情報に関するリスクは放置され、管理ができていない状態に今現在既になっている可能性がある。

さらに、事例をもとに実際にどういう形でリスクは顕在化するのかを検証する中で、その原因の1つである日本の企業文化の影響を検討してみよう。このことは、情報ガバナンスの立て直しのためには、従来の考え方や既存のツールでは対処できない可能性を示している。

経営判断として、あるリスクに対しどういったリソース配分や優先順位づけを行うかは、現実には他の経営課題との兼ね合いによることであろう。一方、文書情報に関するリスクは、その大きさの度合いを測ることすら難しい状況に

あることも確かである。企業が少なくとも今行わなければならないと考えるのは、まずは、自分たちの会社が置かれている状況の理解だ。そのうえで、自社における情報ガバナンスのあるべき姿を、もう一度考えてみる必要があると考えられる。

こういったあるべき姿を考えるにあたってはいくつかのポイントがあり、そのポイントに沿った解決策が必要である。本書においては、その解決策の1つである企業情報システム（ECM : Enterprise Content Management）を紹介する。

ECM は 2000 年に誕生し、既に 20 年近くの実績を持つ文書情報の管理ソリューションである。ECM の現在の姿は、文書情報管理のあるべき姿や、その目的などに対する長年の議論を踏まえたものとなっている。その考え方に触れることで、情報ガバナンスのあるべき姿について、より理解を深めることができるであろう。

2 ECM による情報ガバナンスの構築

(1) ディスカバリーの流れと文書管理における課題

まず、アメリカにおける訴訟対応で求められる対応について、具体的に見ていこう。この作業において参考とされるのは、電子情報開示参考モデルと訳される、EDRM（The Electronic Discovery Reference Model）のワークフローである。訴訟が発生すると、EDRM で定義されたプロセスに沿って情報開示が行われるケースが一般的である。その最初のプロセスが情報管理であり、情報の一元化、情報のライフサイクル管理、情報の仕分け、情報管理体制の構築や業務の標準化などが該当する。訴訟発生前の準備段階ととらえることができる。

　これ以降のプロセスは、主にアメリカの法律事務所、あるいはディスカバリーベンダーが対応していくことになろう。実際に訴訟が発生してまず必要となるのは、情報の特定であり、情報源の特定と保全方法の確定、検索／除外キーワードの設定、データの保管場所の特定と所在地の明確化などが必要である。

　その後のリティゲーション・ホールドにいたると、情報を保全することになり、続いて相手側に提示する情報の収集、加工・処理といったプロセスに進む。ポイントとなるのは収集であり、ここでは特定のプロセスで設定されたキーワードを使って検索などを実施し、データを収集することになる。

　情報の加工・処理に際しては、重複ファイルやプログラム・ファイルなどを取り除いた後に、ファイルを閲覧や分析がしやすい状態に加工する。ここで得られた結果を使い、ディスカバリーにおける証拠開示義務が生じる内容かどうか、あるいは秘匿権で守られているかどうかを判断するレビューを実施する。さらに訴訟戦略のために分析する、あるいは開示要求に該当するかを判断する分析のプロセスがあり、ここで提出するファイルが確定する。そして定められた形でファイルをまとめたオブジェクトを作成し、相手側と合意したスケジュールに基づいて引きわたすという流れである。

　EDRM のプロセスを進めるうえで鍵を握るのは、EDRM の対象となるデータの量である。特定以降のプロセスを進める際には、データ量が小さければそれだけ負担は抑えられ、コストを削減することが可能である。そのデータ量の削減を果たすうえでは、適切に情報管理を行っていく必要があり、そこで活用できるのが ECM というわけである。

　次に、ECM を導入することによって解決できる訴訟対応上の具体的な問題点と課題について見ていこう。文書管理において企業が直面する具体的な問題点としては、まず大きいのはデータの特定が困難であるという点である。例えばデータの収集基準や手順が整備されていないために、自社にどのようなデータがあるのか、その詳細を把握できないというのはその典型的な問題であろう。また訴訟対応においては、電子メールを検索可能な状態で保管することも重要

である。

　紙媒体や画像データはもちろん、SMS（ショート・メッセージ・サービス）やチャットのログも管理対象であることも意識すべきことの1つである。さらに、こうして収集したデータを必要な場面で即座に参照することができるように、属性情報を付加しておくことも欠かせない取り組みとなる。

　文書管理の問題は、業務を遂行している各従業員やシステム担当者、法務担当者にも影響を及ぼす。実際に関連するすべての資料や情報をそのままの状態で保全することを求めるリティゲーション・ホールドがかかれば、対象ファイルの削除はもちろん、更新も不可能となる。これによって業務上で必要なファイルの更新作業はできなくなり、業務に支障が生じるといったことも十分に考えられる。また、適切に文書管理がなされていなければ、使用しているパソコンそのものをホールドするために提出するといったことも起こりうる。こうした事態になれば、業務の遂行が大幅に制限されることになるであろう。

　システム担当者の負荷も大きなものとなる。リティゲーション・ホールド時には、まず保全すべきデータを抽出する作業が必要となるが、そのための手順が確立されていなければ個別にチェックせざるをえず、その作業のために各共有フォルダのアクセス権を逐次変更するなど、さまざまな作業に忙殺されることになる。また昨今では業務部門がファイル共有のために個別に NAS（Network Attached Storage：アプライアンス型のファイル・サーバー）を導入したり、あるいはクラウド上にファイルを保存することができるオンライン・ストレージ・サービスなどを利用するケースも増加している。こうした状況が放置されていれば、調査に要する時間や作業量はさらに増大するであろう。

　データが保管されている場所も、注意すべき点の1つである。例えば必要な証跡が海外に保管されているといった場合には、その国・地域の法令などにより、必要なデータが持ち出せないといったことが起こる可能性があるためである。また社外のディスカバリー・ベンダーにデータの保管を委託しているといったケースでは、そのベンダーが M & A の対象となったり倒産することなどに

よってデータが返却されないリスクがある。

　このような文書管理上の問題点が放置され、訴訟対応をアメリカの法律事務所やディスカバリー・ベンダーなどに任せきりにしていると、コストの妥当性を判断することが難しくなる。また、文書の保全や処理、レビューといったプロセスにおいては、本来ならば対象ではないファイルまで作業が行われていて、余計なコストを負担している可能性も考えられる。またデータ量が多ければ、ホスティングにかかる費用も当然ながら増加する。

　訴訟対応の負荷を軽減するためには、こうした問題点のひとつひとつに対処していくことが求められる。文書情報管理を一元化し、ファイルやメール・データだけでなく、手書きのメモや写真、チャットのログまで含めてもれなく収集・管理しなければならない。さらに各国における情報管理に関する法令は日本と同じではなく、いったん海外に持ち出された電子データはその国の法律に基づき取り扱う必要があることから、証跡の海外保管リスクの回避も視野に入れるべきである。また訴訟対応は十分だと考えていても、実際の訴訟では想定していない課題に直面することは珍しくはない。現状と訴訟時に必要な対応を比較して、リスク低減を図ることが重要である。

(2)　文書情報管理スキームの構築と ECM に求められる機能

　訴訟対応を円滑に進めることを前提に、ECM を含めた文書情報管理スキームの導入について見ていこう。まず対応すべきなのは文書管理規程の改定であり、監査や訴訟、ディスカバリー対応のための実務を考慮して見直していくべきである。具体的な内容としては、文書管理規程の適用範囲や対象とする文書、管理する文書の受け付けとその手続き、文書の作成や発信における規定、文書の保管や保存における種々の手続きなどを定めていくことになる。

　それに続いて、作成した文書管理規程に基づき、訴訟時に求められる証跡の収集と保管を行うための仕組みを構築する。対象となるのは、パソコンに保管

されているメールや作成した各種ファイル、スマートフォンなどのモバイル・デバイスに保存された写真やメール、チャットのログ、紙文書を電子化したスキャン・データなどである。この際には、各部門に個別に導入されているファイル共有のためのサーバーやクラウド・サービスなども視野に入れなければならない。これらについては、文書の一元管理を実現するためにも、新たに導入する文書情報管理システムへ移行するべきである。

　これらの情報を一元的に管理するためのシステムがECMとなる。ここで収集した文書を集中管理し、必要に応じて検索したり取り出したりできるようにする。このシステムを運用し、データを保管するための基盤は、海外の法令に影響されないように、国内のセキュアな基盤を利用する。

　この文書情報管理において軸となるECMに求められる機能は、「文書管理プロセスのシステム化」「開示範囲の制御」「文書ライフサイクルの管理」「文書の一元管理」「文書の仕分け」「トレーサビリティの担保」「保全・収集」といったものである。それぞれ個別に見ていこう。

　「文書管理プロセスのシステム化」とは、文書の作成や受信などのプロセスをECM上に実装することを指す。これを実現するのがワークフロー機能であり、従業員が文書管理規程の内容を把握していなくても、システムで自動的に規定に適合するように文書を管理することを可能にする。

　「開示範囲の制御」では、管理されている文書にアクセスできるユーザーをコントロールするための仕組みが必要になる。これは個々のユーザーや部門、グループに対してアクセス権を割り当てることにより実現される。例えば製品を製造するための文書に関しては、開発部門と製造部門には編集を許可、品質管理部門は参照のみを許可、営業部門には参照も不可など、必要に応じてアクセス権を割り当て、開示範囲をコントロールしていくことになる。

　文書の種別ごとに保管や償却期間、そして廃棄やアーカイブといった期間満了時のアクションを定める機能が「文書ライフサイクルの管理」である。こう

して定めた内容、そしてそれぞれのファイルの種別をシステムが認識して自動で処理することにより、人手による作業を不要とする。

　ECM を利用する大きな目的である「文書の一元管理」を実現するためには、他のシステムとの連携が必要になる。例えば ECM で送受信したメールを管理するといった場合であれば、ECM とメール・システムを何らかの形で連携しなければならない。そのため ECM には、API などを使って他のシステムと連携するための機能が求められる。

　訴訟発生時におけるディスカバリー対応において、大きなポイントを握るのが「文書の仕分け」のための機能である。フォルダによる分類はもちろん、それぞれの文書に対する属性やタグの割り当て、関連する文書や複合する文書を集約して管理できる機能などが必要である。

　なお文書情報管理の4つのポイントとして、経済産業省の「文書の電磁的保存等に関する検討委員会報告書——文書の電子化の促進に向けて」において示されているのは、必要に応じて即座に書類を表示および作成できる「見読性」、電子化された文書を適切に保管するための処置などが求められる「完全性」、アクセスが許可されていないユーザーによる編集や参照を防止する「機密性」、そして必要な文書が検索できるように整備する「検索性」の4つのポイントである。特にディスカバリー対応において重視すべきは検索性である。ECM による一元管理によって文書がどこにあるのかわからないという状況からは脱することができるが、さらに検索性を高めるためには適切に分類されていることはもちろん、特定の種類の文書に対して属性やタグを割り当てて即座に参照できるようにルールを整える、あるいは関連する文書をまとめて扱える仕組みは必要不可欠となる。

　操作履歴や編集履歴を確実に保管し、必要に応じて過去の編集内容をチェックするといった「トレーサビリティの担保」をするためには、版管理や操作ログ管理の機能が必要である。例えば文書を更新する際には、「××××_ver1.docx」や「××××_ver2.docx」といったように、ファイル名を使って版管

理を行っているケースは少なくないが、人や部門によってバージョンの定義が異なる。また、手作業によるミスが発生しうるなどの問題がある。システムによって版管理を行っていれば、こうした問題を防ぐことが可能であろう。

「保全・収集」に際しては、ユーザーによる編集を禁止するホールド機能や、必要な文書を収集する機能とそれをエクスポートする機能などが求められる。ECM を使って適切に文書が管理されていれば、これらの機能を使って必要な文書をすばやく弁護士やディスカバリーベンダーへ提供することが実現する。

(3) ECM 導入プロジェクトにおけるポイント

ECM の導入のポイントは、スモール・スタートである。当然ながら、文書は、メールや事業活動のいたるところで生成・送受信されており、最初からすべてを対象とした ECM を構築するのは極めてリスクが高い。そこで、領域を絞って ECM を導入し、それを横方向に展開していく。

文書管理の対象を選定する際に、1 つの指標として考えられるのはディスカバリーの対象となる可能性が高い組織や文書である。例えば特許侵害訴訟を起こされることが想定されているのであれば、知財関連文書や関連する研究開発の文書、R & D や知財部門の電子メールを対象に ECM を導入する。独占禁止法関連でリスクを持つのであれば、寡占市場の事業に関連する文書、具体的には営業部長や役員の電子メール、営業資料に絞るといった形である。

このように対象を適切に選定してシステム化を行えば、プロジェクトの大規模化を防ぐことが可能になり、リスクを抑えて ECM を導入することにつながる。

業務への影響を抑えることも意識すべきであろう。特に部門ごとにファイル・サーバーがあり、業務で積極的に使われているといったケースにおいて、それらをすべて ECM に集約すれば何らかのハレーションが生じる可能性が高まる。まずは特定部門のファイル・サーバーを ECM に取り込み、それによって

生じる影響を見きわめたうえで他部門へも展開するなどといった工夫が必要と
なるだろう。

【執筆者略歴】

ベーカー＆マッケンジー法律事務所（外国法共同事業）
近藤浩（こんどう　ひろし）――はじめに
弁護士、ベーカー＆マッケンジー法律事務所（外国法共同事業）コーポレート／Ｍ＆Ａグループパートナー
1981 年、中央大学卒業、1987 年、東京弁護士会登録、1991 年、ハーバード大学ロースクールにて法学士取得。2007 年 4 月より中央大学法科大学院客員講師を務める。コーポレート／Ｍ＆Ａグループのリーダーを長年務め、Ｍ＆Ａ、プライベートエクイティ、企業法務一般、労働法を専門とする。事務所内において複数の指導的役職に就く。

達野大輔（たつの　だいすけ）――第 1 章、第 2 章、第 3 章、第 6 章
弁護士、ベーカー＆マッケンジー法律事務所（外国法共同事業）知的財産・情報通信グループパートナー
1998 年、東京大学卒業、2000 年、東京弁護士会登録、2004 年、ノースウエスタン大学ロースクール（LL. M.）修了。日本、EU、アメリカ等における個人情報保護法の法制に関するアドバイスおよび調査、個人情報保護法に関する社内コンプライアンスプログラムの策定、個人情報漏えい等の際の対策などに関する法的アドバイスを行う。また、知的財産、情報技術の各種案件で国内外の大手企業の代理を務める。個人情報保護対応その他に関する多くの執筆も手がける。

西垣建剛（にしがき　けんごう）――第 4 章
弁護士、ベーカー＆マッケンジー法律事務所（外国法共同事業）紛争解決グループパートナー
1998 年、東京大学卒業、2000 年、東京弁護士会登録、2004 年、ニューヨーク大学ロースクール（LL. M.）修了。FCPA を含む海外贈賄防止のコンプライアンス、それに伴う企業内不正調査の実施。不正情報流出事件において訴訟代理を行う。不正情報流出事件に関する官庁との折衝等も手がける。その他、米国訴訟を含む国際訴訟、紛争解決、国内外の上場企業の不正に関する調査等を行う。

田邊政裕（たなべ　まさひろ）――第 4 章
弁護士、ベーカー＆マッケンジー法律事務所（外国法共同事業）シニア・アソシエイト
1999 年、京都大学卒業、2004 年、弁護士会登録、2007 年、ジョージタウン大学ロースクール（LL. M.）修了、2008 年、ニューヨーク州弁護士登録。米国での訴訟・仲裁や反トラスト法違反調査などに携わり、日本国内で行われるディスカバリについて多くの経験を有する。国際ビジネス紛争の他、大型プロジェクト、エネルギー、知的財産などの分

野も手がける。

渡邊大貴（わたなべ　ひろき）——第 5 章

弁護士、ベーカー＆マッケンジー法律事務所（外国法共同事業）シニア・アソシエイト
2004 年、東京大学卒業、2006 年、東京大学法科大学院修了、2007 年、弁護士会登録、
2013 年、コロンビア大学ロースクール（LL. M.）修了、2014 年、ニューヨーク州弁護
士登録。国内企業による国内外における資金調達に関連する法律業務、海外政府機関・
企業による国内における資金調達に関連する法律業務、国内企業による金融商品取引所
への上場、金融商品取引業者のコンプライアンス等、その他、金融・証券規制全般、会
社法等企業法務全般にたずさわる。

デロイト トーマツ コンサルティング合同会社
安井望（やすい　のぞむ）——第 8 章

デロイト トーマツ コンサルティング合同会社　執行役員パートナー
同志社大学経済学部卒業、神戸大学大学院経営学研究科 MBA プログラム修了、外資系
コンサルティング会社数社を経て現職。IT 戦略立案やテクノロジーを活用した経営改
革を手がける Technology サービスの責任者。IT 戦略の策定、グローバル経営管理や
グローバル SCM（サプライチェーンマネジメント）に関するコンサルティングに長く
従事し、これらの分野を統合した企業全体のオペレーション変革やマネジメント変革に
おけるコンサルティングにたずさわる。著書に『グローバル情報システムの再構築 1 〜
3』『グローバル経営の意思決定スピード』（以上、中央経済社）、『図解ロジスティクス
マネジメント』（共著、東洋経済新報社）がある。

西尾素己（にしお　もとき）——第 1 章 3 節、第 7 章

デロイト トーマツ コンサルティング合同会社　マネジャー
幼少期より世界各国の著名ホワイトハットと共に、互いに同意のもとサーバー侵入能力
を競う「模擬戦」を通じてサイバーセキュリティ技術を独学。2 社の IT ベンチャー企
業で新規事業立ち上げを行った後、国内セキュリティベンダーで基礎技術研究に従事。
CODE BLUE 2015 では学生枠を除く最年少として登壇（その後特許取得）。その後大
手検索エンジン企業に入社し、サイバー攻撃対策や社内ホワイトハット育成、キャピタ
ルファンドへの技術協力などに従事。2016 年 11 月よりデロイト トーマツ コンサルティ
ング合同会社に入社。同時に多摩大学ルール形成戦略研究所客員研究員として着任。
2017 年より米シンクタンク パシフィック・フォーラム の Young Leader。

デロイト トーマツ ファイナンシャルアドバイザリー合同会社
齋藤滋春（さいとう　しげはる）——第9章

デロイト トーマツ ファイナンシャルアドバイザリー合同会社　マネージングディレクター

慶應義塾大学理工学部管理工学科卒業。経営戦略/IT コンサルティングファーム、大手総合研究所、ERP ベンダー等を経て、2017 年デロイト トーマツ ファイナンシャルアドバイザリー合同会社に入社。クライシスマネジメントを念頭においた平時から有事までのデータマネジメントに関する支援に従事。大手企業に対する将来のシステム・アーキテクチャに関する構想策定支援や、ERP や ECM をはじめとしたエンタープライズ系システムに関する戦略/構想定義、導入計画策定及びシステム導入プロジェクト PMO 設立と運営。また、マスタデータをはじめとするエンタープライズ・データモデル策定支援や大手企業に対する MDM（Master Data Management）導入計画策定支援を行っている。著書に『失敗事例から学ぶ ERP 導入プロジェクト "最適解"』（アスキー）がある。

インフォメーション・ガバナンス　企業が扱う情報管理のすべて
顧客情報から社内情報まで

2018 年 7 月 12 日発行

編著者──ベーカー&マッケンジー法律事務所（外国法共同事業）
　　　　デロイト トーマツ コンサルティング合同会社
　　　　デロイト トーマツ ファイナンシャルアドバイザリー合同会社
発行者──駒橋憲一
発行所──東洋経済新報社
　　　　〒103-8345　東京都中央区日本橋本石町 1-2-1
　　　　電話＝東洋経済コールセンター　03(5605)7021
　　　　https://toyokeizai.net/
装　丁…………橋爪朋世
印　刷…………丸井工文社
編集担当………村瀬裕己
©2018 Baker & McKenzie (Gaikokuho Joint Enterprise), Deloitte Tohmatsu Consulting LLC, and
Deloitte Tohmatsu Financial Advisory LLC　　　Printed in Japan　　ISBN 978-4-492-53400-7